AF258717

# LA GUERRE

## ET

# LES CONTRATS

PAR

## Maurice BRUNET

Avocat
Docteur en Droit

Ventes et Marchés
Louage de Choses – Contrat de Travail
Contrat de Transport
Assurances

PARIS

**LIBRAIRIE ARTHUR ROUSSEAU**
ROUSSEAU et Cⁱᵉ, ÉDITEURS
14 RUE SOUFFLOT ET RUE TOULLIER, 13

1917

# LA GUERRE

# ET LES CONTRATS

# LA GUERRE

## ET

# LES CONTRATS

PAR

## Maurice BRUNET

Avocat

Docteur en Droit

Ventes et Marchés
Louage de Choses – Contrat de Travail
Contrat de Transport
Assurances

MARSEILLE
TYPOGRAPHIE ET LITHOGRAPHIE ANT. GED
48, rue Paradis, 48

—

1917

# INTRODUCTION

La guerre contemporaine a provoqué, principalement dans ses débuts, un bouleversement économique sans précédent et d'autant plus grave qu'il a porté sur plusieurs grandes puissances européennes et s'est propagé dans le monde entier.

En France, s'est élaborée toute une organisation tendant à solutionner les difficultés immédiates et dont les résultats ont été péniblement atteints, tant furent révolutionnées les habitudes juridiques et l'activité pacifique du pays.

La guerre substituait une situation anormale et riche en imprévisions à une situation paisible et prospère : mobilisation générale, dispersion de la main-d'œuvre, transports commerciaux rendus impossibles au début par la réquisition des chemins de fer, matières premières introuvables, limitation des débouchés clientèles éparpillées, exécution des affaires difficile, tractations nouvelles paralysées.

Ce bouleversement social devait fatalement amener, par contre-coup, un trouble dans le domaine du droit et surtout dans le domaine du contrat.

Pour parer à cet état de choses, qu'y avait-il au moment où la guerre a commencé ?

Le Code civil et le Code de commerce contenaient des principes sur la force majeure et l'appréciation par les tribunaux de l'impossibilité d'exécuter les obligations. Cela ne devait pas suffire, les dispositions de loi ne correspondant pas toujours à des événements aussi brutaux à portée aussi générale et imprévue. C'est pourquoi le législateur fut appelé à prendre des mesures de circonstance.

Deux idées l'ont guidé dans son œuvre : la nécessité de protéger les débiteurs et les exigences de la défense nationale.

C'est ainsi qu'ont été votées des dispositions, comme la loi du 5 août 1914, relative à la prorogation des échéances, le décret du 10 août 1914, qui suspendit « l'effet des clauses des contrats stipulant une déchéance en cas d'inexécution dans un délai ou une date préfixe, à condition que ces contrats aient été conclus avant le 4 août 1914 ».

C'est ainsi que le cours des délais fut suspendu en toutes matières et que les loyers et les baux furent prorogés. De même apparut toute une réglementation sur les chemins de fer, qui porta atteinte aux conditions des transports commerciaux. De même la liberté contractuelle fut touchée en ce qui concerne les rapports des nationaux avec les sujets des puissances ennemies.

Nous nous sommes proposés d'examiner l'effet de ces événements sur les contrats d'avant-guerre. Nous verrons dans le cours de cet ouvrage la répercussion dans le domaine du droit de ce bouleversement social, comment les rapports contractuels ont été atteints, et comment on a cherché à y remédier soit par des dispositions nouvelles, soit par l'application des règles existantes du Code, soit par l'utilisation de principes jurisprudentiels. On constatera que des idées nouvelles se sont fait jour ou plutôt que des principes, déjà existant en germe, ont trouvé, dans l'état actuel, des éléments pour se développer et s'appliquer.

# PREMIERE PARTIE

## Théorie générale du cas fortuit
## et de la force majeure

Le problème de la responsabilité contractuelle se résout à l'aide des principes de l'imputabilité. Le débiteur est responsable du retard ou de l'inexécution dans son obligation. Cette imputabilité cesse s'il y a cas fortuit ou de force majeure : le débiteur qui a été empêché de donner ou de faire ce qu'il avait promis n'est tenu d'aucuns dommages-intérêts (articles 1147 et 1148 C. civ.).

En dehors du cas fortuit ou de la force majeure, il reste toutes les causes d'inexécution imputables au débiteur, que l'on groupe sous deux noms : la faute et le dol. Faute quand le débiteur a simplement commis une imprudence ou une maladresse ; dol quand il est de mauvaise foi et s'est volontairement soustrait à l'exécution de sa dette.

La théorie du cas fortuit et de la force majeure et la théorie de la faute et du dol marchent de pair, puisque le débiteur sera jugé par les principes de l'une ou de l'autre, suivant que le retard ou l'inexécution lui seront ou non imputables. On ne peut sortir d'une de ces théories sans entrer dans le domaine de l'autre.

Il est absolument nécessaire, avant d'étudier l'influence de la guerre sur les contrats, de voir d'une façon générale les principes de l'imputabilité que nous aurons l'occasion d'appliquer à chaque pas durant le cours de cet ouvrage.

# CHAPITRE I

> Le cas fortuit et la force majeure consti-
> tuent-ils sous des noms différents une
> cause identique d'exonération pour le débi-
> teur ?

Les expressions « cas fortuit » et « force majeure »,
qui s'appliquent à toutes les causes d'inexécution
non imputables au débiteur, doivent-elles être consi-
dérées comme équivalentes ?

La majorité des auteurs regarde ces deux mots
comme synonymes. Tout au plus y aurait-il, entre
la force majeure et le cas fortuit, cette différence
théorique que le cas fortuit viserait les obstacles,
provenant de la nature, tandis que le mot force
majeure s'appliquerait plutôt aux empêchements
causés par l'action des hommes. D'ailleurs, à cette
distinction ne se rattacherait aucune conséquence
pratique : les deux hypothèses aboutiraient à la
libération du débiteur.

En face de cette opinion, a surgi une thèse contraire, soutenue en Autriche par Exner (La Nature
de la force majeure, traduction Séligman 1892) et en
France par Thaller (traité de Droit commercial, 2ᵉ
édit. nᵒ 1.198), et à sa suite par d'autres auteurs
comme Bourgoin (Essai sur la distinction du cas fortuit et de la force majeure. Lyon 1902).

Tous paraissent vouloir substituer l'idée de risque à celle de faute, en matière de responsabilité
contractuelle, comme celà a été en partie réalisé par
la doctrine récente sur le terrain de la responsabilité délictuelle et quasi délictuelle. D'après cette
théorie, les notions de cas fortuit et de force majeure

seraient distinctes. La force majeure seule entraînerait la libération du débiteur. Ce dernier, au contraire, répondrait des cas fortuits.

Ces divergences dans la terminologie amènent des obscurités et des indécisions. C'est pour cela qu'il convient, au début de cette étude, de préciser le sens et la valeur des mots.

On constate que les expressions « force majeure » sont plus spécialement employées par le législateur, par les auteurs récents et par certaines juridictions pour désigner les éventualités exclusives de toute responsabilité. On dira par exemple que la loi du 9 avril 1898 n'a pas mis à la charge du patron les cas de force majeure ; l'article 1954 C. civ. décide dans le même sens que les aubergistes et hôteliers ne sont pas responsables « des vols faits avec force armée ou autre force majeure » et l'article 1754 C. civ., après avoir mis à la charge du fermier les réparations dites locatives fait exception pour les dégâts causés par la grêle « ou autres accidents extraordinaires et de force majeure ». La force majeure nous apparaît ainsi comme le type de la non responsabilité et le cas de force majeure devient toute circonstance, insusceptible d'engager jamais par elle-même une responsabilité quelconque envers la victime du dommage, tandis que le cas fortuit pourra revêtir parfois une force obligatoire et devenir la base d'une réparation civile.

Où trouver le critérium de cette distinction ?

Exner le voit dans la réunion de deux éléments qui constitueraient les deux caractéristiques de la force majeure et qui seraient : 1° un élément qualitatif, l'extériorité ; 2° un élément quantitatif, l'importance et la notoriété.

### I. — *Condition d'extériorité.*

Pour qu'un fait puisse être qualifié force majeure, il faut qu'il provienne de l'irruption d'une force étrangère dans le milieu professionnel. Cette force, plus grande que l'initiative et les prévisions des particuliers, c'est la force majeure. On l'oppose aux événements qui proviennent du fonctionnement de l'entreprise et qui font obstacle à l'exécution, tels les accidents matériels et de personnes. Ces derniers événements, qui sont en germe dans toute exploitation, constitueront la classe des cas fortuits. De ceux-là seuls on est responsable et on doit en répondre parce qu'il y a risque créé du fait de l'établissement de l'entreprise.

Seulement, comme le fait remarquer M. Josserand, cette extériorité de l'événement ne peut être appréciée en considérant la nature même de l'événement : le même fait peut être, suivant les cas, force majeure ou cas fortuit. Ce qui caractérise la force majeure, ce n'est pas l'origine externe du fait, par rapport au milieu professionnel mais « le défaut de connexité entre le fait dommageable et le milieu, l'organisme où il s'est produit ». Ainsi entendue, la condition d'extériorité apparaît comme très juste. Elle. est soutenue par la doctrine la plus récente. (Thaller. — Traité de Droit Commercial n° 1198 — Josserand, Les Transports n°˙ 574, 575 ; Ripert, Traité de Droit Maritime t. 2, n°˙ 1578 et s.)

Dès qu'il y a connexité, le fait devient fait de l'entreprise et risque professionnel.

La jurisprudence entend ainsi la force majeure. Si l'événement générateur du dommage n'a aucun lien de connexité avec l'entreprise, il y a fait libératoire. S'il y a connexité, les faits, que nous appelons cas fortuits, sont mis à la charge du débiteur par les tribunaux par application de l'idée de faute : le dommage est rattaché au mauvais état de fonctionnement de l'entreprise.

## II. — *Condition d'importance et de notoriété.*

D'après Exner, une deuxième condition est nécessaire pour qu'un fait soit qualifié force majeure, c'est l'importance et la notoriété.

« Une distinction se présente tout naturellement à l'esprit, entre les cas qui se rencontrent dans le cours ordinaire de la vie et des affaires et ceux qui ont un caractère extraordinaire, qui sortent évidemment du cadre de l'habituel ». Des premiers événements « dans une exploitation bien gérée, on doit en tenir compte par avance, parce qu'ils font partie du cours régulier des choses et ont leur place dans les prévisions comme des facteurs normaux ». (Exner, op. cit. p. 111 112.)

On répond de ces derniers seulement.

Nous revenons au premier caractère de la force majeure, l'extériorité. En effet, si l'événement a pu être prévu par les contractants, il devient interne, connexe à l'entreprise, le débiteur en répond. C'est ainsi que la guerre, événement extérieur et de force majeure, deviendra interne si les parties l'ont prévue au moment du contrat et ne pourra être invoquée dans ce cas pour justifier une inexécution.

En résumé, il faut toujours se placer à un point de vue subjectif. Il y aura force majeure quand l'événement est extérieur à l'entreprise, par conséquent ne dépend pas d'une façon plus ou moins directe du débiteur et quand l'événement extérieur n'a pu être prévu.

Cette distinction entre les cas de force majeure qui sont les risques naturels et les cas fortuits qui sont les risques créés par l'homme, a le mérite de cadrer avec les théories modernes de la responsabilité et avec les lois qui ont consacré la notion du risque professionnel en opposant les accidents issus du fonctionnement de l'entreprise et ceux qui ont une provenance extérieure.

De plus, elle cadre avec les termes du Code. L'article 1773 C. civ. oppose, à propos des baux à ferme, les cas fortuits ordinaires « tel que grêle, feu du ciel, gelée ou coulure » aux cas fortuits extraordinaires « tels que les ravages de la guerre ou une inondation, auxquels le pays n'est pas ordinairement sujet ». Ce texte n'établit-il pas une différence entre les éventualités inhérentes à l'entreprise du fermier qui constituent les risques de l'agriculture et celles qui sont tout à fait indépendantes, douées d'une puissance fatale ?

Les articles 1953 et 1954 C. civ. sont plus explicites encore. L'article 1953 déclare l'hôtelier ou l'aubergiste responsable du vol commis ou des dommages causés par leurs préposés ou par les étrangers allant et venant dans l'hôtellerie. L'article 1954 fait cesser cette responsabilité lorsque le vol est fait « avec force armée ou autre force majeure » .Le législateur ici fait bien l'antithèse entre la responsabilité, provenant de faits qui sont la conséquence du fonctionnement de l'entreprise, et l'irresponsabilité des événements externes et supérieurs.

Cette terminologie se trouve dans la loi du 4 juin 1859 sur le transport par la poste des valeurs déclarées : l'article 3 dispose que l'administration des postes est responsable « sauf le cas de perte par force majeure des valeurs insérées dans les lettres et déclarées....» ( tel le cas de vol à main armée)

Cette distinction des faits non fautifs en deux catégories, dont l'une comprend les faits invariablement libératoires ou cas de force majeure, dont l'autre comprend les faits parfois doués d'une force obligatoire, pouvant être rattachés à la création d'un risque et auxquels on réserve la dénomination de cas fortuits, pénètre de plus en plus dans la doctrine, la législation et la jurisprudence.

# CHAPITRE II

Conditions requises pour que le débiteur soit exonéré.

Les causes, qui suppriment la responsabilité du débiteur sont les mêmes, qu'il s'agisse d'un simple retard ou d'une inexécution définitive : les événements de force majeure peuvent produire tout aussi bien un simple retard qu'une impossibilité définitive d'exécuter.

Mais pour qu'il y ait véritablement suppression de la responsabilité du débiteur, il faut :

1° Qu'il y ait force majeure dans toute l'acception du mot, c'est-à-dire impossibilité d'exécuter.

2° Que le débiteur ne soit pas en faute.

3° Qu'il n'ait pas pris à sa charge les cas fortuits ou de force majeure.

Nous allons successivement examiner ces diverses conditions.

## I. — *Impossibilité d'exécuter*

Pour que le débiteur soit dispensé de payer des dommages-intérêts, dans le cas où il n'exécute pas ou dans le cas où il apporte un retard à son exécution, il faut, aux termes de l'article 1148 du Code civil, qu'il ait été « empêché » de remplir son obligation, c'est-à-dire qu'il ait été mis dans l'impossibilité de l'exécuter, autrement dit, qu'il y ait eu obstacle actuel et insurmontable.

Il n'y a pas, au point de vue juridique, force majeure quand l'événement est à l'état de simple probabilité, un danger, une éventualité. De même quand l'événement, sans empêcher l'exécution, la rend seulement plus difficile ou plus onéreuse. L'obstacle, qui aurait pu être tourné ou écarté au prix de quelques efforts ou d'un sacrifice d'argent, ne dispense pas le débiteur d'exécuter son obligation : sa dette est devenue plus onéreuse mais non impossible. Ainsi la hausse de prix d'une marchandise ou la hausse des frets n'empêche pas la livraison : elle met seulement le débiteur en perte. (En ce sens : Demolombe XXIV n° 556. Laurent XVI n°ˢ 268, 269. Baudry et Barde T 1, Obligations § 455 et suiv. Planiol T. 2. § 232.)

Les tribunaux ont-il fait une application rigoureuse de ces principes ? Certaines décisions ont une apparence contraire, c'est que des situations de fait ont provoqué souvent des jugements en équité.

On peut affirmer que la jurisprudence de 1870 a rigoureusement appliqué les principes du droit et dégagé un système très juridique. Nous en verrons la preuve dans le cours de cet ouvrage. Mais nous constaterons aussi que les tendances de la jurisprudence de la guerre de 1914 sont en faveur du débiteur et de l'assimilation de l'exécution très onéreuse à l'exécution impossible.

*<br>* *

II. — *Absence de faute.*

Pour que le débiteur soit dispensé de payer des dommages-intérêts, dans le cas où il n'exécute pas ou dans le cas où il apporte un retard à son exécution, il ne suffit pas qu'il invoque comme excuse la force majeure, il faut encore qu'il ne soit pas en faute.

La faute neutralise les effets de la force majeure ou, si l'on préfère, elle substitue une obligation à une autre.

Il y a faute et par conséquent responsabilité du débiteur lorsque celui-ci n'a rien fait pour éviter les effets de la force majeure.

Par exemple, un minotier, qui devait livrer des farines dans Paris, pendant la guerre de 1870, et qui pouvait le faire avant l'investissement, ne peut invoquer la force majeure, après cet événement, pour excuser l'inexécution de ses obligations. Il pouvait et devait prévoir les faits qui ont rendu impossible l'exécution de son contrat, il y a faute par manque de prévision.

C'est encore une faute que de ne rien faire pour remédier à la force majeure. Dans un cas comme dans l'autre, c'est la faute du débiteur qui rend possibles les effets de la force majeure. A plus forte raison, le débiteur est responsable s'il a provoqué les événements de force majeure notamment le fait du prince. (Cass. 4 mai 1842. D. 42. 1. 222.)

Le Code a fait l'application de ces principes dans divers articles : Article 1807 relatif à la perte du cheptel. « Il n'est tenu du cas fortuit que lorsqu'il a été précédé de quelque faute de sa part, sans laquelle la perte ne serait pas arrivée. » — Art. 1881. « Si l'emprunteur emploie la chose à un autre usage, ou pour un temps plus long qu'il ne le devait, il sera tenu de la perte arrivée, même par cas fortuit. »

Il en résulte encore que le débiteur est responsable de l'inexécution lorsqu'il était en demeure au moment où le cas fortuit s'est produit car « celui qui est en demeure n'est pas exempt de faute ». — Art. 1302 : « ... L'obligation est éteinte si la chose a péri ou a été perdue sans la faute du débiteur et avant qu'il fût en demeure. » — Art. 1929 : « Le dépositaire n'est tenu, en aucun cas, des accidents de force majeure, à moins qu'il n'ait été mis en demeure de restituer la chose déposée.» Il ne faut pas oublier la restriction apportée par le Code civil au principe de la responsabilité du débiteur en cas de mise en demeure. Ce principe est le suivant : Lorsque l'obligation portait sur un corps certain, le débiteur qui était en demeure au moment où est survenu le cas fortuit, n'est pas tenu de dommages-intérêts si la chose eut péri chez le créancier en supposant qu'elle lui eut été livrée. Art. 1302, al. 2. — Dans cette hypothèse en effet, le débiteur se trouve n'avoir causé aucun préjudice au créancier ; or, le préjudice est un élément essentiel pour l'application des dommages-intérêts.

*<br>* *

### III. — *Prise à charge des cas de force majeure par le débiteur.*

Il nous reste à examiner une condition négative de l'exonération du débiteur, en ce qui concerne sa responsabilité au cas de force majeure.

Il arrive quelquefois en effet que le débiteur se fait l'assureur du créancier. Par convention spéciale, il se charge des conséquences de la force majeure. Dans ce cas, il ne peut être exonéré puisque l'application du risque n'est qu'une modalité du contrat. Cette stipulation est licite. (V. art. 1302, al. 2 et 1772-1773 C. civ.). Dans certaines hypothèses la loi interprétant l'intention des parties sous-entend cette clause (V. art. 1822. 1825 et 1881 à 1883 C. civ.). Dans un seul cas la loi défend la stipulation qui met la perte fortuite à la charge du débiteur, c'est à propos du cheptel simple (art. 1811, C. civ.); l'exception confirme la règle.

Une pareille clause, étant tout à fait exceptionnelle doit être formellement stipulée et l'interprétation se fera en faveur du débiteur. (Art. 1162, C. civ.).

La loi, prévoyant l'hypothèse où le fermier a consenti à supporter les conséquences de la force majeure, décide que cette stipulation concerne exclusivement les cas ordinaires, tels que grêle, feu du ciel, gelée et coulure et qu'elle n'est pas relative aux événements extraordinaires comme la guerre, les inondations dans un pays où elles sont rares ; à moins que le fermier ne se soit chargé des cas de force majeure prévus et imprévus. (Art. 1772 et 1773. C. civ.).

Par conséquent, l'interprétation de toute stipulation de ce genre doit être très restrictive des termes du contrat.

Si le Code protège le débiteur et le met en garde contre une surprise possible, cela ne veut pas dire qu'il ne peut y avoir de prise à charge tacite des cas de force majeure.

Il ne faut pas perdre de vue que nous envisageons l'hypothèse du contrat passé avant la guerre ; dans ce cas il est très exact de dire qu'il faut une stipulation expresse pour répondre de la force majeure. Mais si le contrat est passé pendant la guerre ou à un moment où on peut la prévoir, il y a une espèce de prise à charge tacite par le débiteur. Les règles de la responsabilité changent donc suivant qu'il s'agit de contrats d'avant-guerre ou d'après guerre. Nous viserons, dans le cours de cette étude, toujours le contrat d'avant-guerre, c'est le point de vue le plus intéressant. Nous parlerons exceptionnellement de la prévision de guerre pour montrer comment elle peut influer sur la responsabilité du débiteur.

*<br>* *

Voilà élucidée la notion de la force majeure. Il était indispensable de le faire au début de cette étude.

D'après les théories les plus récentes, la force majeure libératrice est caractérisée par l'extériorité ou, ce qui est équivalent, par le défaut de connexité entre l'obstacle et l'exploitation, la connexité pouvant se produire de deux façons, soit parce que l'événement a son origine dans le fonctionnement de l'entreprise, soit parce qu'il a pu être prévu par ses administrateurs.

C'est ainsi que le débiteur est exonéré par la guerre, type de la force majeure, événement externe et irrésistible, quand il ne devient pas connexe par suite d'une prévision possible.

Lorsque les tribunaux examinent les conditions requises pour que le débiteur soit exonéré, ils suivent plus ou moins consciemment cette idée.

Au lieu de dire : la force majeure est l'événement extérieur et notable, ils disent, c'est l'obstacle insurmontable, dégagé de toute prévision et de toute faute. Ce sont les expressions qui changent, l'appréciation du fait est finalement identique. L'événement insurmontable de la jurisprudence, c'est l'événement extérieur et plus fort que tous les moyens humains d'Exner et toutes les fois qu'il y a connexité, soit par suite du fonctionnement matériel de l'entreprise, soit par suite de la prévision du débiteur, les tribunaux reconnaissent la responsabilité en vertu de l'idée de la faute qu'ils ont élargie considérablement.

Et ce sont les mêmes conclusions, les expressions seules diffèrent, les uns reconnaissent la force majeure quand l'obstacle insurmontable n'est pas connexe à l'entreprise, les autres la reconnaissent quand l'obstacle insurmontable peut être dégagé de toute idée de prévision ou de faute.

C'est toujours l'appréciation subjective de l'inexécution contractuelle.

# CHAPITRE III

### Effets de la force majeure à l'égard du débiteur.

Aux termes de l'article 1148 du Code civil, le débiteur n'est tenu d'aucuns dommages-intérêts, lorsqu'il n'exécute pas ses obligations par suite de force majeure. La loi ne dit pas si le contrat subsiste.

La convention subsistera certainement si l'impossibilité d'exécuter ne concerne qu'une obligation accessoire. Seule cette obligation accessoire sera écartée. Ainsi le locataire, tenu en principe des réparations locatives, cesse d'être tenu lorsque les vitres sont « cassées par la grêle ou autres accidents extraordinaires et de force majeure ». (Art. 1754 C. civ.).

Au contraire, le contrat est résilié si le débiteur ne peut exécuter l'obligation principale.

La Cour de cassation a jugé en principe que la force majeure n'a pas un effet simplement dilatoire, en ce qui concerne l'exécution des conventions, mais un effet résolutoire absolu.

On peut appuyer ce principe sur l'esprit du Code civil qui décide dans l'article 1184 que lorsque le contrat n'est pas exécuté, alors que rien ne s'y oppose, la résolution peut être demandée. Il doit en être de même en matière de force majeure. Au lieu d'y avoir inexécution volontaire il y a exécution impossible, c'est toute la différence. La résolution doit suivre, à la demande du créancier. Dans les deux hypothèses, il n'y a qu'une différence sur la solution du litige.

Dans celle de l'article 1184, le créancier demande la résolution au juge qui peut accorder des délais ou suivant les faits repousser la prétention du créancier.

Dans l'hypothèse de la force majeure, il y a résolution de plein droit, le juge n'intervient que pour constater les conditions de la force majeure que nous avons examinées plus haut. Puisqu'il y a impossibilité d'exécuter, il ne peut être question d'accorder un délai au débiteur. Le tribunal ne peut renvoyer l'exécution au jour où le cas fortuit aura cessé : ce serait changer la convention des parties.

Ainsi, dans des marchés qui s'exécutent successivement, il y a une opération sinon indivisible, du moins complexe, soumise à des éventualités de hausse ou de baisse, durant un temps déterminé : il se fait une compensation entre les pertes et les profits.

Si ces combinaisons ne peuvent recevoir leur exécution, le marché doit être résilié : l'acheteur n'a que le droit d'y renoncer sans dommages et intérêts et non pas d'en exiger l'exécution en reportant les livraisons à des époques plus éloignées. (Paris, 16 août 1871 et rejet 14 mai 1872. D. 73.1.78. Comp. trib. com. Seine, 2 janvier 1871. D. 71.3-18).

Le principe de l'effet résolutoire absolu de la force majeure s'applique à tous les contrats.

Ainsi un armateur, qui s'est engagé à envoyer son navire à une époque déterminée pour prendre un chargement de marchandises et dont le navire est réquisitionné, peut faire constater que son contrat est résilié par force majeure. (Nantes, 28 janvier 1871. D. 73.3.6. Cass., 27 oct. 1908. D. 1910.3.311.)

La résolution doit même intervenir en cas d'inexécution partielle résultant d'un fait de force majeure. (Cass. 26 juillet 1909. S. 1910.1.71. — Lyon, 10 mai 1908. S. 1910.2.4.)

Cependant, à côté de ces principes et de cette jurisprudence, on trouve des décisions judiciaires qui reconnaissent à la force majeure un effet dilatoire et qui reportent dans le temps l'exécution des contrats au lieu de déclarer l'exécution impossible et l'obligation éteinte.

Ces décisions ne sont nullement en contradiction avec les principes que nous avons suivis jusqu'à ce moment. Elles s'inspirent de l'objet du litige, des circonstances de fait et de l'intention des parties. Chaque espèce comporte sa solution. La formule de la Cour de cassation ne peut s'appliquer dans chaque cas. Si, en effet, dans l'intention des parties, la clause qui déterminait un délai pour l'exécution n'était pas essentielle et si l'obligation est de nature à pouvoir être exécutée dans la suite, l'effet de la force majeure n'est pas résolutoire et absolu, mais seulement dilatoire. Aucun principe ne s'oppose à cela ; en cette matière les juges sont guidés par quelques dispositions légales qui servent plutôt d'argument d'analogie. Ils sont guidés surtout par l'intention des parties qui font la loi du contrat.

Et c'est en s'inspirant de la loi du contrat que l'on arrive à des décisions n'ayant que l'apparence de la contradiction et qui sont au fond la reconnaissance des mêmes principes. (1)

Nous aurons l'occasion d'examiner plus à fond cette question de l'effet résolutoire ou dilatoire de la force majeure à propos des ventes et marchés.

---

(1) Voir Laurent XVI nᵒˢ 270, 271. Requêtes 13 février 1872. D. 72. 1.186. Besançon 21 février 1872. D. 73. 1.215. Comp. Rouen 5 juin 1871 D. 71. 2.78. Nancy. 14 juillet 1871 (motifs). D. 71. 2.15.

# CHAPITRE IV

Effets de la force majeure à l'égard
du créancier dans les contrats synallagmatiques.

La force majeure éteint l'obligation du débiteur,
c'est ce qui a fait l'objet des développements ci-dessus. Comment la force majeure ou le cas fortuit
peut-elle intéresser le créancier ?

Dans les contrats synallagmatiques, l'obligation
du débiteur étant éteinte par force majeure l'obligation du créancier est-elle touchée par répercussion.

Nous n'avons bien entendu en vue que le cas où
l'obligation du créancier est parfaitement exécutable,
la force majeure lui étant tout à fait étrangère. Est-ce
que le débiteur libéré pourra exiger de son créancier
l'exécution de ses obligations ? Non: lorsqu'une partie
est empéchée par la force majeure d'accomplir son
obligation, elle perd le droit d'exiger l'accomplissement à son profit de l'obligation contractée par l'autre partie. Ce principe a été parfaitement dégagé par
la jurisprudence. La Cour de cassation (Civ. 14 avril
1891. D. 91. 1.329) voit là l'effet de l'exercice de
l'action en résolution de l'article 1184 du Code civil.

En effet l'article 1184, ne faisant aucune distinction
entre les différentes causes d'inexécution des conventions, englobe la force majeure, comme cause d'extinction des obligations, dans les contrats synallagmatiques. Cet article viserait d'après la cour à la
fois l'inexécution imputable au débiteur, due à sa
faute ou à sa négligence et celle qui est due à un cas
de force majeure.

On doit abandonner le système de la Cour de cassation, qui interprète un peu trop largement l'article

1184, parce qu'il est inutile de faire intervenir ici cet article ; au cas de force majeure la libération nécessaire des deux parties s'opère sans lui.

La force majeure, détruisant l'obligation de l'un, détruit l'obligation des l'autre. C'est la mise en jeu de la théorie de la cause.

L'idée d'un défaut de cause fait bien comprendre la disparition simultanée des deux obligations lorsqu'il survient pour l'exécution de l'une d'elles un empêchement de force majeure. La force majeure a un effet direct : elle produit la suppression immédiate et définitive de l'obligation dont elle empêche la réalisation. (C. viv. 1148 et 1302 : arguments de ces articles.) Cette suppression a lieu sans que le créancier ait été satisfait ou se tienne pour satisfait. Par la disparition de sa créance, sa propre obligation, dont l'exécution est encore possible, reste pour ainsi dire en l'air. Sa contre-partie nécessaire lui fait défaut et on peut dire d'elle qu'elle est désormais sans cause.

Donc elle disparaît.

On voit que le fondement théorique de la libération des parties n'est pas toujours le même. Il varie suivant la nature des faits, qui empêchent l'exécution du contrat par l'une d'elles.

S'il y a faute ou fait imputable à l'une des parties l'action en résolution dérive d'une convention de résiliation sous-entendue et elle a son origine historique dans la *lex commissoria* du droit romain.

S'il y a cas fortuit ou force majeure la libération simultanée des deux parties est imposée par la théorie de la cause et elle s'opère sans qu'on ait besoin de sous-entendre aucun pacte résolutoire. Il y a plus : l'anéantissement du contrat ne se produit pas de la même façon dans les deux cas.

Au cas de faute du débiteur, la résiliation est prononcée par le juge ; c'est un acte d'autorité qui délie les parties. Au cas de force majeure, la libération des parties s'opère *ipso facto*, le jugement n'intervient que pour la constater s'il y a désaccord, absolument comme s'il s'agissait d'une condition résolutoire casuelle. C'est ce que dit la loi dans les cas très rares où elle a prévu l'extinction d'obligations synallagmatiques par les faits de force majeure : « Le bail est résilié de plein droit... » — Art. 1722. C. civ. — « Le contrat est dissous par la mort... » dit l'article 1795 à propos du louage d'ouvrage. — « La société finit par la mort... » — Art. 1867 C. civ. — La destruction du contrat est donc l'œuvre des faits et non celle du juge.

Ce qu'il faut remarquer c'est l'énergie et l'instantanéité d'action de la force majeure.

L'action en résolution se comprendrait si l'obligation non exécutée était encore existante : nous parlons de force majeure, donc nous la supposons éteinte et l'autre obligation qui lui était corrélative le sera ordinairement en même temps qu'elle par l'effet de la causalité réciproque qui les unissait.

La libération soudaine et simultanée des deux parties, liées par un contrat synallagmatique, ne fait aucun doute lorsqu'il survient une force majeure, empêchant l'exécution du contrat par l'une d'elles Cependant, il n'existe dans notre code aucun texte formulant cette règle. On n'en trouve que des applications éparses : C. civ. art. 1722. 1790. 1794. 1867. al. 2. Quant à l'article 1184, si on lui rattache cette cause d'extinction, c'est faute de mieux.

Il existe donc dans nos lois une règle non écrite que l'on peut formuler ainsi : la force majeure, qui éteint les obligations de l'une des parties, éteint nécessairement et en même temps les obligations de l'autre. Elle fait coup double et ceci en vertu des principes de la théorie de la cause.

Cette règle est applicable à tous les contrats synallagmatiques, sauf aux contrats qui font naître une obligation de donner un corps certain.

Dans ce genre de contrats, le créancier reste engagé malgré la libération du débiteur. Ce principe découle de l'article 1.138 du Code civil: dans les obligations de donner les risques sont pour le créancier. Il convient de remarquer en ce cas que le créancier est propriétaire et que les risques de la perte lui incombent en vertu de l'axiome *res perit domino* ; la question de propriété et par conséquent de risques, domine celle de la rupture des rapports contractuels.

# CHAPITRE V

### Preuve de la force majeure. Rôle des tribunaux.

Aux termes de l'article 1302 du Code civil «... le débiteur est tenu de prouver le cas fortuit qu'il allègue. » C'est l'application des règles normales de la preuve. Quand le débiteur a fait cette preuve, il est libéré de son obligation et n'est pas tenu des dommages-intérêts dus en cas d'inexécution. Mais le créancier est admis à prouver que la prétendue force majeure a été amenée par une faute du débiteur ou que le débiteur doit la supporter en vertu de la loi ou de la convention ; c'est naturellement à lui d'en faire la preuve.

Au cas de force majeure, le rôle des tribunaux est un rôle de constatation. La force majeure établie, la libération de l'obligation pour le débiteur, se fait *ipso facto*. Le jugement n'intervient que pour faire cette constatation absolument comme s'il s'agissait d'une condition résolutoire casuelle.

C'est la force majeure qui délie le débiteur et non le juge. Le juge n'est là que pour apprécier les caractères de la force majeure et la dégager de toute idée de faute, condition *sine qua non* de la libération. Tout se résout devant le juge du fait à une question de preuve.

Quel est le rôle de la Cour de cassation en cette matière ? Il semble très restreint, puisque tout repose sur un fait, condition de libération du débiteur.

Si le fait est proposé pour la première fois devant la cour de cassation, il est irrecevable. (Cass. 16 mai 1887. D. 87.1.265) même s'il est opposé, mélangé de droit et de fait.

En dehors de ce cas, la Cour de Cassation exerce un contrôle efficace en cette matière, sur la déduction tirée par les juges du fond, au point de vue de l'existence en droit de la force majeure, des circonstances de fait par eux d'ailleurs souverainement constatées. La jurisprudence est fixée en ce sens. (Req. 17 juillet 1912. D.1913.1.539. — V. Aubry et Rau, cours de Droit civil p. 168, 169. Note 35 *bis*.)

Cette jurisprudence se justifie, car la libération du débiteur par la force majeure suppose qu'aucune faute, c'est-à-dire aucune violation de droit, ne lui est imputable et qu'en matière criminelle, le juge ne peut admettre d'autres excuses que celles résultant d'un texte de loi.

Ainsi la guerre n'est pas par elle-même constitutive de la force majeure ; il y a lieu de rechercher dans chaque espèce si c'est à l'état de guerre que se rattache l'impossibilité d'exécuter l'obligation. (1)

*<br>* *

Tels sont les principes généraux intéressant la force majeure.

La guerre est le type de la force majeure.

En effet, il n'est pas nécessaire que l'événement, pour avoir ce caractère, soit le résultat de forces naturelles ; il n'y a pas une raison de principe qui s'oppose à ce qu'on considère comme événement de force majeure un fait dans la production duquel intervient le facteur humain et la volonté plus ou moins consciente d'individus ou de collectivités.

---

(1) Comp. Cass. 28 février 1861. D. 61.1.140, 22 janvier 1877 D. 77.1.321. — 13 février 1872. D. 72.1.186 — 13 janvier 1874. D 74-1-76, 22 décembre 1884.D 85-1-73, 7 novembre 1890. S. 91.1.239 — 27 octobre 1908. D. 10.1.311.

Nous allons étudier la guerre dans les réactions qu'elle peut avoir sur les contrats.

Nous verrons que, si on doit lui appliquer les principes classiques de la force majeure, elle tend à favoriser dans la jurisprudence moderne le développement de principes nouveaux. C'était fatal, la guerre de 1914 a causé dans le domaine économique un bouleversement sans précédent. Les règles juridiques doivent s'en ressentir : elles sont faites pour des situations normales. Les tribunaux ont du élargir parfois l'esprit des lois pour solutionner des situations contractuelles tout à fait hors de la prévision des parties.

Nous avons limité ce sujet aux contrats de vente, de louage de choses et de services, de transport, d'assurances.

Ce sont les contrats qui nous ont paru avoir été touchés d'une façon assez particulière par la guerre et présenter à ce sujet un plus grand intérêt juridique.

Il ne faudra pas perdre de vue que nous visons d'une façon générale les contrats, qui ont été passés avant l'ouverture des hostilités. C'est sur eux que la guerre a produit son plein effet. Les rapports contractuels postérieurs sont infiniment moins intéressants puisque la guerre, état de fait, a dû entrer dans les prévisions des parties. C'est ainsi que des contrats d'assurances ont été passés depuis la guerre pour couvrir les assurés de ce risque qui était exclu par les polices françaises Nous laisserons de côté ces rapports pour lesquels on ne peut invoquer les principes d'exonération de la force majeure puisque celle-ci y est prévue.

# DEUXIEME PARTIE

## Ventes et Marchés

La guerre de 1914 a surpris une multitude de contrats passés par des fabricants ou des négociants, au sujet de ventes de marchandises. Le bouleversement économique, causé par l'état de guerre, s'est durement fait sentir dans l'exécution de ces accords, et c'est à leur sujet que se sont de suite posées les questions d'application de la force majeure. Les principes du Code civil ont-ils eu assez de souplesse pour permettre de solutionner toutes les difficultés ? Les précédents jurisprudentiels présentaient-ils un système complet et juridique, ou bien l'état nouveau appelait-il des solutions neuves et mieux conformes à l'équité ?

L'examen de ces questions nous montrera jusqu'à quel point la jurisprudence est restée fidèle à la tradition et comment par contre des tendances de doctrine, auparavant embryonnaires, se développent sous les nécessités présentes.

Nous étudierons successivement les effets de la force majeure sur les obligations du vendeur et sur celles de l'acheteur, en indiquant dans quels cas elle est caractérisée et quels sont ses effets sur l'existence du contrat dans les marchés antérieurs à la guerre.

Nous examinerons enfin comment la jurisprudence s'est élargie au moyen de l'interprétation de l'intention des parties et nous verrons si elle n'a pas refait des contrats en voulant rester équitable en face des imprévisions actuelles.

# CHAPITRE I

Effets de la force majeure sur l'exe-
cution des obligations du vendeur.

Le vendeur, commerçant ou fabricant, s'est engagé dans les liens d'un marché ; quelles conséquences aura la guerre sur l'exécution de ses obligations ?

D'après son contrat, il doit livrer les objets promis et dans les conditions de l'accord ; il ne sera dispensé d'exécuter que s'il se trouve dans un cas parfaitement caractérisé d'application de la force majeure et cela n'arrivera, d'après les principes classiques que nous avons déjà étudiés, que lorsqu'il y aura impossibilité matérielle d'exécuter ; il faudra, de plus, que cette impossibilité ne soit entachée d'aucune faute et qu'il n'ait pas pris la charge des cas de force majeure, par clause expresse spéciale. A ces conditions, l'inexécution ou le retard n'entraîne aucuns dommages-intérêts (Art. 1147-1148-1302 C. viv.)

Il ne faut pas perdre de vue dans cette étude que l'excuse de la force majeure est réservée aux contrats passés à un moment où l'événement, qui constitue l'obstacle insurmontable, était imprévu et imprévisible. Ainsi le débiteur ne serait pas libéré si, lors de l'accord, la guerre était à un tel point menaçante que les parties y ont nécessairement pensé ; cela se produit encore si la guerre a éclaté dans un pays où elle est à peu près permanente. C'est ce qu'on a jugé pour des contrats passés au moment de la guerre entre le Salvador et le Niaragua. (Trib. com. de la Seine, 10 oct. 1894. Journ. dr. int. privé 1895. p. 108.)

### *Cas de force majeure empêchant la production*

Suivant les principes connus, le négociant ou le fabricant, vendeur d'une marchandise, est dispensé de ses obligations envers l'acheteur au cas où l'on ne peut plus se procurer cette marchandise et non pas au cas où la production est rendue seulement difficile ou onéreuse.

Ainsi le vendeur ne peut invoquer une fabrication coûteuse, des obstacles comme la destruction de certaines usines par fait de guerre, leur inutilisation forcée, le prix plus élevé de la matière première, les impôts ou les droits de douane nouveaux, la rareté de la main-d'œuvre. Tous ces faits ne constituent que des difficultés, qui peuvent mettre le débiteur en perte, mais qui ne s'opposent pas absolument à l'exécution. Le vendeur ne peut les invoquer pour réclamer sinon l'inexécution, du moins un supplément de prix, les conventions tiennent lieu de loi à ceux qui les faites. (C. civ. art. 1134. Trib. comm. Seine, 11 mai 1915. La Loi, 20 mai 1915.)

On ne tiendra compte que des impossibilités absolues.

Le vendeur peut-il invoquer l'impossibilité absolue de fabrication ? Oui, s'il y a eu vente de produits fabriqués dans telle usine, et si cette usine est arrêtée ou détruite par suite de la guerre. Mais, si l'acheteur n'a pas spécifié la provenance, le fabricant ou le négociant devra se procurer des marchandises semblables sur le marché, pour exécuter son obligation. Ceci est vrai surtout pour le négociant, le fabricant étant toujours censé vendre ses produits.

Les tribunaux estimeront si les parties ont eu en vue une marque bien déterminée ou simplement une certaine catégorie de produits.

On peut citer comme exemple de force majeure le cas typique de la destruction de l'usine par l'ennemi ou par les troupes françaises. Le fabricant n'encourt aucune responsabilité pour n'avoir pas fait la livraison. On ne peut soutenir qu'il peut se fournir chez un concurrent pour satisfaire sa clientèle, car, sauf clause contraire, une commande à un industriel porte sur des objets fabriqués par lui, sous sa marque, donc parfaitement individualisés. Sa situation n'est pas la même que celle du négociant qui se fournit à plusieurs producteurs et qui devra chercher d'autres fournisseurs quand un de ceux-ci vient à lui manquer.

La réquisition des produits fabriqués, si elle est assez importante pour rendre l'exécution du marché impossible, est un cas de force majeure pour le vendeur ; il n'y a pas à distinguer si la réquisition est le fait de l'autorité française (1) ou le fait de l'ennemi (2).

Ceci n'est vrai que si la réquisition est totale. (Paris, 23 juillet 1872 précité.) Le même raisonnement s'applique au cas de réquisition de l'usine. (Trib. comm. de Loches, 21 janv. 1915. Gaz. Trib. 30 mai 1915.)

Peut-on assimiler à la réquisition régulière la cession amiable des produits ou de l'usine ? Oui, s'il est établi que l'on a simplement devancé un acte de l'autorité. Les formes de la réquisition ont été instituées pour vaincre une résistance possible et toutes les fois que l'on obéira à une invite verbale, c'est-

---

(1) Trib. comm. Seine 15 juin 1915 gaz. Trib. 17 juill. 1915 (motifs).

(2) Cass. 27 oct. 1908. S. 1910, 1.230. Paris 23 juill. 1872. Bull des arrêts de Paris 1872. p. 586.

à-dire à une réquisition sans forme, on pourra invoquer la force majeure si l'on peut prouver que l'on n'aurait pu échapper à une mesure de réquisition régulière. Mais la réquisition faite par l'autorité incompétente ne vaut rien, surtout si elle n'a pas lieu dans les conditions légales ; dans ce dernier cas, le fabricant, qui ne résiste pas, commet une faute et ne peut invoquer la force majeure. La force majeure reparaîtrait dans le cas où le fabricant a dû subir la force, ce qui peut être fréquent pour les réquisitions irrégulières venant de l'ennemi.

On rencontre dans la jurisprudence moderne des décisions qui assimilent à la réquisition, et qui font de ce fait un nouveau cas d'application de la force majeure, les commandes faites par l'Etat et acceptées librement par le fabricant. Ces commandes, lorsqu'elles absorbent la production, équivalent à une sorte de réquisition morale  et autorisent à suspendre les marchés antérieurs existant avec les particuliers. (Trib.  Comm. de la Seine, 15 juin 1915. D. 16.2.24.). Une pareille décision est contraire au droit. La question donne lieu à une distinction : si une personne, exposée à une réquisition de l'autorité publique, vend à l'Etat des  marchandises qu'elle avait déjà vendues à un tiers ou qu'elle avait promis de lui vendre, elle n'est pas exposée par cela à des dommages intérêts envers son premier contractant. En effet, il serait excessif de dire, elle devait attendre d'être réquisitionnée et non traiter à l'amiable avec l'administration.

Mais pour que ceci soit vrai, il faut qu'il soit absolument certain que cette personne aurait été réquisitionnée. Il en serait différemment si la personne poursuivie avait simplement des chances de l'être.

Ainsi, un fabricant, ayant fait une promesse de vente, apprend que l'Etat réquisitionne la plus grande partie des objets du même genre que ceux qu'il produit, il ne peut, sans s'exposer à des dommages-intérêts, traiter amiablement avec l'Etat. Il doit attendre une réquisition ou un indice certain. En effet, il ne peut diminuer les chances, que possède son co-contractant de voir exécuter le contrat. Il peut toutefois indiquer ce qu'il détient à l'autorité militaire qui le demande. (Cass. civ. 15 fév. 1873. S. 73.1.174.)

Il existe un autre cas de force majeure, empêchant la production, c'est l'interdiction de fabriquer : Tel serait l'ordre de fermer une usine dont les fumées des cheminées seraient un point de repère pour l'ennemi, ou dans le but d'empêcher la saisie possible par l'ennemi des objets fabriqués.

Mais il n'y a pas force majeure si le fabricant a changé volontairement l'objet de sa fabrication par exemple, trouvant plus avantageux de faire des armes ou des obus pour la défense nationale, travail qui lui paraît plus lucratif. Il doit exécuter les marchés privés conclus avant la guerre sinon il devra des dommages-intérêts à ses clients, car son fait ne peut modifier les conditions d'exécution de ses contrats.

De même ne supprime pas nécessairement la production le départ du personnel : il y aurait force majeure seulement au cas où il serait impossible de remplacer les absents. (Comp. Trib. de Comm. de Loches, 21 janv. 1915. Gaz. Trib. 30 mai 1915.)

Il faut toujours en revenir à l'éternel principe : le marché doit s'exécuter, même à des conditions plus difficiles ou plus onéreuses; il n'y a de force majeure qu'en face d'obstacles insurmontables et non en face d'impossibilités, que l'on a plus ou moins directement provoquées ou aggravées.

*Cas de force majeure empêchant la livraison.*

Il existe de nombreuses applications de la force majeure, en ce qui concerne la livraison.

Ce n'est plus, comme tout à l'heure, une impossibilité de produire qui dispense d'exécuter le marché; la marchandise existe, mais on se trouve en présence d'obstacles qui s'opposent à son déplacement et la livraison doit se faire, d'après le contrat de vente, dans telle place.

C'est ainsi qu'il y a force majeure si la Compagnie de chemins de fer qui devait faire le transport s'est refusée de l'effectuer. Par exemple, les convois sont pris pour la troupe, elle n'a pu transporter la marchandise. (Trib. comm. de Perpignan, 5 fév. 1915. Gaz. Trib. 6 mars 1915.) Ou bien elle n'a pu faire qu'un petit nombre d'expéditions, de sorte qu'il a été impossible au vendeur de lui confier la marchandise. Le fait s'est produit au début de la guerre, au moment où la mobilisation des chemins de fer a interrompu les transports commerciaux.

Mais de simples difficultés de transport ne dispensent pas de livrer, (Gênes, 28 mars 1913. Temi genovesa 1913 p. 332.) Il en est de même les risques auxquels sont exposées les marchandises à cause du peu de sécurité des voies maritimes. Le vendeur peut s'assurer si les objets sont à ses risques ; s'il sont aux risques de l'acheteur, rien ne le dispense d'expédier, la question de force majeure ne se pose plus en ce cas.

Si la ville dans laquelle la livraison devait être effectuée est investie ou occupée par l'ennemi, il y a force majeure. Elle dispense le vendeur de l'exécution du marché dont le but était l'approvisionnement de cette ville. (Cons. d'Etat, 19 juillet 1872 et 15 nov. 1872. D. 74.3.49. Cass. 7 mai 1872. S.72.1.456.) Il en est ainsi dans le cas de l'investissement de la ville où se trouve l'usine. (Cass. 19 nov. 1872. D. 73.1.215.)

De même si les produits doivent venir d'une région ou d'un pays déterminé et si les communications par mer ou par terre sont impossibles par suite de guerre, il y a force majeure. (Douai, 30 nov. 1906. Journ. dr. int. privé 1908 p. 804) ; à moins qu'on ne puisse se les procurer où il en existe des dépôts. (Lyon, 1er août 1896 Journ. dr. int. privé 1897 p. 582.) Il y a encore force majeure en cas de blocus du port de départ ou du port d'arrivée.

Dans tous ces cas, il faut que les parties aient eu en vue des marchandises de provenance désignée S'il n'est pas spécifié que les marchandises doivent venir d'un pays déterminé et si le vendeur peut en trouver ailleurs, même à plus haut prix, il n'y a pas force majeure.

Si un commerçant s'est engagé à livrer des marchandises fabriquées exclusivement dans un pays déterminé, tant que les communications avec ce pays sont possibles et alors même qu'elles seraient plus difficiles il n'est pas dispensé d'exécuter ses obligations. Mais, si ce pays interdit l'exportation des produits, ou si, dans le lieu fixé pour la livraison, l'importation est interdite, il y a force majeure. De même si les passages sont supprimés, rendant l'embarquement de la marchandise impossible. Ainsi il a été jugé que la fermeture du détroit des Dardanelles pendant la guerre balkaniquee était un cas de force majeure pour le vendeur de blés danubiens qui devaient être embarqués, d'après une clause du contrat, dans la mer Noire, parce que cette fermeture avait empêché l'embarquement. (Trib. civ. de Naples, 3 avr. 1914. Corte d'Appello 1914. p. 154.)

Il a été jugé que le moratorium, qui a enlevé au commerçant ses disponibilités, pouvait constituer un cas de force majeure le dispensant de livrer dans les conditionr psévues au contrat.

En effet, pendant la guerre, par suite des prorogations, les fabricants ont demandé à être payés au comptant ; le commerçant qui, en raison des prorogations, n'a pu se procurer les fonds nécessaires pour payer le fabricant, est dispensé de livrer, dès lors que les prorogations sont postérieures à son contrat, et à moins que le client ne lui ait offert d'avancer ces fonds.

Mais il faut que le moratorium crée une impossibilité d'agir. Ainsi le minotier qui n'a pas livré à son acheteur les farines, vendues par lui et livrables à partir de septembre 1914, ne peut soutenir qu'il a été empêché par cas de force majeure, résultant de la guerre, alors qu'il n'a pas perdu, malgré le moratorium, son fonds de roulement. (Orléans, 24 juin 1915. D.16.2.104).

*<br>* *

Ainsi la force majeure exemptera le vendeur de ses obligations soit qu'elle affecte la production de la marchandise, soit qu'elle n'intéresse que la livraison.

Il va sans dire que le vendeur peut prendre à sa charge les conséquences de la force majeure par une clause spéciale, et, s'il a connu la guerre au moment du contrat, on peut supposer qu'il l'a prise à sa charge. A cet égard on sera plus sévère si la vente a été faite à un moment où l'obstacle existait déjà. (Lyon, 1er août 1896. Journ. dr. int. privé 1897, p. 542.) On pourra même décider que le vendeur qui connaissait cet obstacle a pris implicitement la force majeure à sa charge. Par conséquent, tout ce que nous venons de dire n'a son plein effet que pour les contrats antérieurs à la guerre de 1914.

———

# CHAPITRE II

### Effets de la force majeure sur l'exécution des obligations de l'acheteur.

Les obligations de l'acheteur sont de prendre livraison et de payer le prix. Les effets de la force majeure ne sont pas les mêmes pour l'une ou l'autre de ces obligations.

La force majeure n'existe pas pour le paiement du prix. L'acheteur peut seulement bénéficier d'une suspension. C'est ainsi que la loi du 5 août 1914 et le décret du 10 août 1914 permettent au mobilisé de ne rien payer pendant la guerre et au non mobilisé d'obtenir du juge des référés un répit s'il est gêné. Mais aucune force majeure ne peut le dispenser définitivement de payer le prix. (Caen 24 fév. 1915. Rec. de Caen 1914-1915 p. 161.) Les obligations de sommes d'argent peuvent tôt ou tard s'exécuter.

La force majeure non plus ne modifiera pas l'étendue de la somme due. L'acheteur ne peut réclamer un rabais à raison des difficultés qu'il a par suite de la guerre pour l'emploi des objets achetés. (Orléans 29 avril 1915. La Loi du 20 mai 1915.)

La force majeure peut avoir son plein effet sur l'obligation de prendre livraison. L'acheteur ne devra aucuns dommages intérêts si l'obstacle à la livraison a été insurmontable. Mais, des dommages intérêts seront dus s'il a, par son fait ou celui de ses préposés, provoqué le défaut de livraison ou le retard dans la livraison.

L'acheteur, d'autre part, n'est pas fondé à ajourner la livraison, par cela seul que la difficulté des communications rendait malaisée la prise de livraison, sans la rendre impossible. Donc, le vendeur peut lui réclamer des dommages-intérêts si la prise de livraison n'a pas été faite à temps, et demander en outre la résiliation du contrat. (Cass. 19 nov. 1873. S. 74.1.430. — D. 74.1.200. Trib. Comm. Perpignan, 5 fév. 1915. D. 15.5.3.)

De même un industriel ne peut invoquer la force majeure, résultant de la guerre, pour refuser de prendre livraison des marchandises par lui achetées si son établissement n'est pas situé dans le territoire envahi, ni dans le voisinage de la région où combattent les armées et s'il ne justifie pas que la main-d'œuvre a fait défaut dans cette région. Il en est ainsi, malgré le trouble apporté à la circulation sur les voies ferrées lors de la mobilisation, si cette gêne momentanée n'était pas de nature à rendre inutilisables les marchandises et alors même que la plus grande partie de celles-ci était destinée à un commerçant d'un pays ennemi qui en a refusé la livraison s'il était possible de trouver d'autres acheteurs. (Caen 24 fév. 1915.D.16.2.22.)

Il y a au contraire impossibilité si les établissements du vendeur, où l'acheteur doit chercher les objets vendus, se trouvent dans une zone envahie par l'ennemi ou dans une ville assiégée, ou si l'accès en est interdit. (Cons. d'Etat, 24 avr. 1877. S. 79.2.124.) Il y a impossibilité encore si l'acheteur ne peut se procurer le personnel suffisant pour faire enlever les marchandises. Mais des dépenses inattendues pour se procurer ce personnel ne justifieraient pas un refus de faire enlever.

# CHAPITRE III

### Effets de la force majeure sur l'existence du contrat.

Il est rare que la guerre entraine une impossibilité définitive d'exécuter. Quand l'obstacle disparaît, la convention reprend-elle son cours ? C'est une question qui se pose fréquemment dans ce genre de litige, l'effet de la force majeure est-il définitif ou momentané ? L'éxistence du contrat est-elle détruite ou la convention résiste-t-elle à l'inexécution passagère ?

Les parties viseront à la solution la plus avantageuse et invoqueront, suivant leur intérêt, l'effet résolutoire ou l'effet dilatoire de la force majeure.

On doit pourtant arriver à des solutions juridiques en suivant les principes écrits et les règles de l'interprétation de l'intention des contractants.

Il résulte des articles 1146, 1147, 1148 et 1184 du Code civil que le créancier, qui n'obtient point satisfaction, peut toujours demander la résolution pour inexécution, sauf la faculté réservée au juge d'impartir un délai au débiteur ; et la conséquence de la force majeure sera l'exemption de dommages-intérêts.

En outre, il semble naturel que le débiteur ait, de même que le créancier, le droit de demander la résolution à raison de la force majeure ; car, il répugne à l'équité que l'une des parties puisse rester à la disposition de l'autre sans réciprocité, alors que pareille chose n'a point été convenue et que personne n'est en faute.

Par conséquent la demande de résolution, qui est à la disposition des deux contractants, est soumise au contrôle du juge qui peut accorder des délais et prononcer la résolution définitive ou la prorogation du contrat, suivant qu'il appréciera l'intention des parties.

Généralement les tribunaux ont une tendance à maintenir le plus possible l'existence du contrat et à renvoyer l'exécution après la disparition de l'obstacle.

Ainsi, la fabrique n'a pas été anéantie, il n'y a eu qu'un obstacle temporaire ; la fabrication doit recommencer, sitôt possible, pour satisfaire les commandes en retard (Cass. 13 fév. 1872. D.72.1.187). Un arrêt de cassation du 15 fév. 1888 (D. 88.1.203) dit que, si l'empêchement est momentané, le débiteur n'est pas libéré, l'exécution de l'obligation est seulement suspendue jusqu'au moment où la force majeure vient à cesser. (Voir : Rennes 9 mai 1871. D. 72. 2. 211, et Besançon 21 fév. 1.872 sous Req. 19 nov. 1872. D. 73. 1. 215).

En face de cette jurisprudence, s'en dresse une autre qui reconnaît à la force majeure un effet résolutoire absolu.

Deux jugements du tribunal de commerce de la Seine du 2 janvier 1871 (D. 71.3.17 et 1873.1.18) ont statué à ce point de vue au sujet de marchés de farine à terme. Le vendeur, dans l'impossibilité de livrer à cause de la guerre, et actionné en dommages-intérêts demandait la résolution à l'encontre de l'acheteur qui prétendait avoir droit à la livraison après la cessation de l'obstacle. Le tribunal a accordé la résolution par ce motif que l'on ne peut reporter à une époque indéterminée des engagements qui doivent être exécutés à une date fixe, à peine d'imposer au vendeur une situation qu'aucune des parties n'a pu envisager au moment du contrat.

Un de ces jugements fut confirmé par arrêt de la
Cour de Cassation du 14 mai 1872. (D. 73.1.78), « Attendu.... que l'existence de la force majeure n'a
pas sur l'exécution des conventions un effet simple
ment dilatoire mais un effet résolutoire et absolu.. »
Cet arrêt a toute l'allure d'une décision de principe
et la note qui l'accompagne au Dalloz s'exprime
ainsi : « Il n'est pas contestable qu'aucun texte de
loi n'autorise le juge à substituer à la résolution
prononcée par le Code une nouvelle obligation exécu-
toire ultérieurement. Et d'ailleurs il serait inique
dans beaucoup de cas de remplacer l'obligation
éteinte par une force majeure, non imputable au
débiteur, par une autre obligation peut-être plus onéreuse ; par exemple si le prix de la chose avait aug-
menté de valeur dans l'intervalle. »

Il ne faudrait pas donner trop d'importance à cette
idée du droit réciproque à la résolution et il ne
faut pas oublier que tout repose, pour le juge, sur
une règle d'interprétation de l'intention des parties
et du caractère du contrat ; c'est ce qui explique l'apparence contradictoire de ces deux jurisprudences.
Ce n'est ni le Code ni les tribunaux qui délient les
parties' c'est la loi de la convention ; le rôle du juge
est passif et consiste uniquement à vérifier si l'événement a tous les caractères de la force majeure et
si les contractants ont intérêt ou non à la continuation de l'accord, conformément à l'intention première.

Ainsi les juges dispenseront définitivement l'acheteur de prendre livraison s'ils estiment que, dans
la pensée des parties, la livraison devait avoir lieu
dans un délai déterminé pour un usage spécial ou
ne pas avoir lieu.

Ils peuvent de même dispenser le vendeur de livrer
s'ils estiment que ce dernier en acceptant des condi-

tions déterminées à raison de l'état actuel du marché n'a pas prévu une exécution retardée par un cas de force majeure. Dans ce cas, sur la demande du vendeur, le contrat sera résilié, sans que l'acheteur puisse demander l'exécution ultérieure. Cette situation aura d'autant plus de chance de se présenter que la guerre de 1914 a renversé toutes les prévisions par sa durée et sa généralité.

Le vendeur peut également demander la résiliation si les fournitures devaient être faites pour des besoins momentanés, comme le ravitaillement d'une place en temps se guerre ; on ne peut le forcer à exécuter après la guerre (cons. d'Etat 15 nov. 1872. D. 74.349).

D'autre part, on peut supposer que le vendeur, ne pouvant livrer à temps des marchandises sujettes à dépérissement, les a utilisées pour ne pas les laisser perdre. Les tribunaux peuvent estimer que la vente n'est obligatoire que si elle peut être exécutée dans un court délai. En ce cas, ils dispenseront définitivement le vendeur de livrer. (Paris 14 nov. 1873. Bull. des arr. de Paris 1873. p. 142.)

Il a été jugé, pour les marchés de vente de farines, que l'année de la récolte et les fermes de la livraison sont des éléments essentiels, de sorte que si les farines, dans l'année du marché et de la livraison, ont été réquisitionnées par l'autorité militaire à la suite de la guerre, le contrat doit être résilié sur la demande du vendeur (Cass. 21 fév. 1876. D. 77.1.367. trib. comm. de la Seine 2 janv. 1871. D. 71.3.17.)

Des tribunaux ont même prononcé la résiliation, pendant la guerre de 1914, sur la demande du vendeur, par le motif qu'il leur apparaissait que la conséquence et la durée de la guerre étaient indéterminées. (Trib. comm. de Loches, 21 janv. 1915. Gaz. Trib. 30 mai 1915).

En résumé, la décision dépendra de l'esprit du contrat. Toutes les fois que les parties ont eu en vue une utilisation immédiate des marchandises, autrement dit, si la livraison comporte un terme nécessaire, si à l'échéance, l'exécution est impossible à cause de la force majeure, le marché est résilié et non maintenu pour être exécuté plus tard.

Mais, si la date de la livraison n'a été qu'une condition secondaire du contrat et si l'exécution paraît utile dans l'avenir, le marché n'est pas résolu. Le juge peut fixer un délai nouveau pour exécuter. En ce sens, le tribunal de commerce de Perpignan (5 fév. 1915. D. 15.5.3). a jugé que, par application de l'article 1244 du Code civil et du décret du 10 août 1914, la livraison des marchandises peut-être reculée jusqu'après la fin de la guerre.

Remarquons en terminant que la guerre peut encore avoir un autre effet sur le contrat que celui de sa disparition ou de son ajournement c'est celui de sa résiliation partielle, si les fournitures devaient être faites périodiquement. La résiliation n'affectera que les fournitures correspondant au temps pendant lequel aura duré la force majeure. En ce qui concerne les périodes ultérieures, la livraison devra être faite. (Trib. comm. de la Seine 15 juin 1915. Gaz. trib. 17 juill. 1915.)

# CHAPITRE IV

### Tendances nouvelles de la jurisprudence.

Lorsqu'on parcourt la jurisprudence moderne, provoquée par la guerre présente, on parait y voir, sinon des principes nouveaux, du moins une interprétation plus large qu'en 1870 de l'intention des parties et une faveur plus grande envers le débiteur, quand les événements de guerre, sans constituer rigoureusement un cas de force majeure, ont rendu l'exécution très onéreuse.

Nous avons vu que, s'il y a force majeure, les tribunaux, interprétant l'intention commune, accordent la résiliation ou, toutes les fois qu'ils le peuvent, l'ajournement de l'exécution.

S'il n'y.a pas obstable insurmontable à l'exécution, d'après les principes classiques, le débiteur n'est pas exempt de dommages-intérêts. Et c'est ici que l'on rencontre cet esprit nouveau, favorable au débiteur, tendant à assimiler l'exécution très onéreuse à l'impossibilité d'exécuter.

Ainsi de nombreuses décisions jugeant *ex-æquo et bono*, au lieu de condamner le débiteur à l'intégralité des dommages-intérêts, arbitrent en tenant compte des circonstances.

« Si un marché est résilié, faute d'exécution, par le juge, celui-ci doit nécessairement tenir compte de la situation anormale, résultant des événements en cours, pour modérer selon les espèces l'indemnité de résiliation encourue ; au lieu d'appliquer sa jurisprudence habituelle faisant consister comme automatiquement, cette indemnité dans la différence des cours, ce qui peut entrainer une indemnité hors de toute prévision, vu les variations anormales des cours le tribunal arbitre *ex-œquo et bono* les dommages-intérêts de résiliation ; mais quand le poursuivant demande le remplacement, il tend à faire échec à cette mesure, en imposant au défendeur un prix exagéré que le tribunal n'aurait pas le moyen de réduire ........ (Trib. de comm. de Marseille du 10 octobre 1916). « .......... il doit être toutefois fait état dans l'appréciation des dommages-intérêts, encourus en conséquence de la résiliation, des circonstances résultant de l'état de guerre, en allouant à titre d'indemnité au lieu de l'entière différence des cours une somme arbitrée *ex-œquo et bono.* » (Trib. de comm. de Marseille 17 novembre 1916.)

De la lecture de la jurisprudence, paraît de plus en plus se dégager cette idée que le contrat, ayant été fait dans des conditions normales, est surpris par l'état de guerre et il n'y a pas de raison de faire porter tout le poids de la force majeure sur un seul contractant. C'est l'application de la théorie de l'imprévision des contrats qui tend non seulement à atténuer les dommages-intérêts de l'inexécution, mais encore à amener une résiliation ou un dégrèvement au cas d'exécution rendue très onéreuse par suite des événements. La tendance existait déjà.

En matière de marchés de travaux publics, de transports, de fournitures, le Conseil d'Etat a reconnu qu'il y avait obstacle insurmontable lorsque l'événement avait troublé gravement l'économie du contrat. (Cons. d'Etat. 3 juill. 1912. D. 1916.3.3. et 1909 Rec. Conseil d'Etat, p. 246.)

Le Conseil d'Etat n'a pas abandonné ses principes. Il a jugé, à l'occasion de cette guerre, à propos de la compagnie d'éclairage de Bordeaux, que les mêmes idées s'appliquent au cas de hausse sur le prix de la matière nécessaire pour une fourniture.

La compagnie d'éclairage de Bordeaux prétendait que l'augmentation du prix du charbon et des frets constituait une hausse du coût de revient, hors de proportion avec les conditions économiques normales, hausse qu'aucune partie n'avait pu envisager au moment de la passation du marché, hausse telle qu'elle rendait le marché pratiquement inexécutable dans les conditions où les contractants avaient entendu l'établir.

Le Conseil d'Etat, dans son arrêt du 30 mars 1916 (D. 1916.3.25), a donné raison à cette thèse, en jugeant qu'on se trouve en présence de charge dues à des événements que les parties n'ont pu prévoir et qui sont telles que momentanément le contrat ne peut plus être exécuté dans les conditions où il est intervenu. En conséquence, il a laissé à la charge de la ville de Bordeaux les charges que nécessite le fonctionnement du service public et qui excèdent le maximum de ce que l'on pouvait admettre, comme prévision possible et raisonnable, par une saine interprétation du contrat.

Comme, malgré tout, le juge ne peut refaire le contrat, le Conseil d'Etat a renvoyé les parties pour qu'elles s'entendent sur les conditions nouvelles en leur disant : « Vous vous trouvez dans une situation extracontractuelle, faites une convention provisoire, Si vous ne réussissez pas à conclure un accord, le juge interviendra pour fixer l'indemnité à allouer au concessionnaire. »

Nous avons cité l'affaire de Bordeaux à titre d'exemple, car elle est bien typique.

Une proposition de loi de M. Faillot, du 12 août
1915 (*Journal Officiel* Doc. parl. Chambre p. 934), ré-
sume bien l'esprit nouveau, en faveur du débiteur.
Elle porte que les contrats commerciaux à l'égard
de l'une des deux parties ou de toutes deux, qui
ont été conclus avant le 1ᵉʳ août 1914 et compren-
nent des livraisons de produits ou de marchandises,
ou d'autres prestations successives ou différées, peuvent être revisés, suspendus ou résiliés avec ou sans
indemnité, si les conditions de l'exécution ont subi,
par suite de l'état de guerre, des changements qui
n'ont pu entrer dans les prévisions des parties et qui
sont tels que, si l'intéressé les avait prévus, il ne
se serait pas obligé ou se serait obligé à des conditions différentes. Cette proposition de loi défère la
décision à prendre à un tribunal arbitral, composé
d'un magistrat et de deux assesseurs avec procédure
écrite et sans appel, l'application de ces dispositions devant prendre fin six mois après la signature
de la paix.

On sait que dans les cas où il n'y a pas force
majeure, rendant impossible l'exécution du marché,
l'obligation doit être exécutée aux conditions con-
venues. C'est ce que rappelle l'exposé des motifs
de la proposition et ce qui lui paraît un peu abusif
en équité, car l'une des parties est ruinée et l'autre se
trouve injustement enrichie en obtenant à un prix
peu élevé des produits dont la hausse a été énorme.
En Italie, un décret du 27 mai 1915 a corrigé cette
iniquité en décidant que « la guerre est considérée
comme force majeure, non seulement lorsqu'elle rend
la prestation impossible, mais aussi lorsqu'elle la
rend excessivement onéreuse ».

La Fédération des industriels et des commerçants
français a transmis au gouvernement un vœu dans
le même sens.

La formule italienne rend nettement l'idée qui se dégage bien de notre jurisprudence, mais souvent de manière confuse et pour ainsi dire par simple tendance.

L'avenir élargira peut-être la conception classique de la force majeure à laquelle nous sommes, malgré tout notre désir d'équité, obligés de nous rattacher en l'état actuel des textes, bien qu'on puisse déjà, à l'aide des règles de l'interprétation des contrats, en atténuer les effets trop rigoureux.

# TROISIEME PARTIE

## Contrat de Louage de Choses

Le contrat de louage de choses peut être atteint par la guerre. Il le sera toutes les fois que les obligations du preneur ou celles du bailleur seront touchées par cette puissance irrémédiable et fatale, qui caractérise la force majeure.

Le bail, étant donné son caractère successif, doit présenter jusqu'au bout corrélation dans l'exécution des obligations des deux parties. La guerre pourra être cet événement, qui, faisant disparaître les obligations du preneur ou du bailleur, disloquera le contrat.

Nous allons étudier quels caractères de gravité doivent présenter les événements de guerre pour détruire le contrat, autrement dit à quelles conditions pourront être accordées des exonérations ou des réductions de loyers.

# CHAPITRE I

### Exonérations et réductions de loyers par suite de la guerre.

*Dispositions du Code civil applicables au cas de force majeure en matière de baux.*

Il est utile, au début de cette étude, de rappeler les dispositions écrites et les principes du Code civil en matière de baux. Il ne faudra pas s'en écarter si l'on veut arriver à des solutions parfaitement juridiques. Nous aurons l'occasion de voir que la jurisprudence n'a pas toujours eu, à ce sujet, une méthode d'interprétation rigoureuse et qu'elle s'est parfois éloignée de l'esprit de la loi.

L'article 1722 du Code civil prévoit la destruction de la chose louée par cas fortuit : « Si pendant la durée du bail, la chose louée est détruite en totalité par cas fortuit, le bail est résilié de plein droit ; si elle n'est détruite qu'en partie, le preneur peut, suivant les circonstances, demander ou une diminution du prix ou la résiliation même du bail. Dans l'un et l'autre cas, il n'y a lieu à aucun dédommagement. »

Par conséquent, si la destruction est totale, il y a résiliation du bail, il ne peut en être autrement, le contrat disparaît faute d'objet, le bailleur est dans l'impossibilité d'assurer au preneur la jouissance dont le loyer représente le paiement. Si la destruction n'est que partielle le preneur peut, suivant les circonstances, demander la résiliation du bail ou une réduction de loyer.

Le principe qui a guidé le législateur est le suivant : il s'agit d'un contrat à caractère successif, toutes les fois qu'un événement de force majeure troublera la corrélation qui doit exister entre les obligations des parties, il y aura rupture du contrat si le trouble est assez important, soit pour faire disparaître par contre-coup les obligations du preneur (destruction totale), soit pour déterminer ce preneur à renoncer au contrat (destruction partielle).

En ce qui concerne les baux à ferme, il est rare que l'article 1722 s'applique. Rarement il y aura destruction du fonds en totalité ou en partie.

Cela peut se rencontrer au cas de perte de la chose louée dans son essence.

Des inondations, pratiquées sur l'ordre de la défense nationale pendant la guerre de 1870, eurent pour résultat de couvrir des pâturages d'eau de mer. L'herbe fut détruite, cela constituait déjà une perte partielle, mais il y eut plus : les sources des abreuvoirs furent corrompus et le sol fut atteint dans ses qualités essentielles. On admit que l'article 1722 devait s'appliquer puisqu'il y avait non seulement destruction partielle de la chose, mais destruction des qualités essentielles en vue desquelles les fermiers avaient loué. (Caen, 13 juillet 1871 S. 72.2.234).

Ces cas d'application de l'article 1722, en matière de baux ruraux, sont très rares, car le fonds a peu de chances de périr. Le risque plus fréquent, celui qui a été prévu par le Code, pour le fermier, est celui de la perte totale ou partielle des récoltes par force majeure.

Le Code civil distingue les cas où la récolte est perdue sur pied ou après avoir été détachée.

Si la récolte est détruite, en totalité ou au moins à moitié, étant sur pied, ce sont les articles 1769 et 1770 qui s'appliquent.

Art. 1769 : « Si le bail est fait pour plusieurs années et que, pendant la durée du bail, la totalité ou la moitié d'une récolte au moins soit enlevée par des cas fortuits, le fermier peut demander une remise du prix de sa location, à moins qu'il ne soit indemnisé par les récoltes précédentes. S'il n'est pas indemnisé, l'estimation de la remise ne peut avoir lieu qu'à la fin du bail, auquel temps il se fait une compensation de toutes les années de jouissance. Et cependant le juge peut provisoirement dispenser le preneur de payer une partie du prix à raison de la perte soufferte. » Art. 1770 « Si le bail n'est que d'une année et que la perte soit de la totalité des fruits, ou au moins de la moitié, le preneur sera déchargé d'une partie proportionnelle du prix de la location. Il ne pourra prétendre aucune remise si la perte est moindre de moitié. »

Le cas où la récolte est détruite détachée est prévu par l'article 1771. Le fermier ne peut obtenir de remise ; les fruits détachés sont aux risques du fermier. « .... à moins que le bail ne donne au propriétaire une quotité de la récolte en nature ; auquel cas le propriétaire doit supporter sa part de la perte, pourvu que le preneur ne fut pas en demeure de lui livrer sa portion de récolte. Le fermier ne peut également demander une remise lorsque la cause du dommage était existante et connue à l'époque où le bail a été passé. »

Telles sont les dispositions du Code civil en ce qui concerne la force majeure et ses effets sur les obligations des parties dans le contrat de louage. Qu'il s'agisse de baux de maison ou de baux ruraux, le principe est le même : les risques sont à la charge du propriétaire, à moins de convention contraire. Celui-ci supportera donc la perte totale ou partielle de ses loyers lorsque l'utilité qu'il devait procurer au preneur disparaît avec la chose totalement ou partiellement.

Ce sont ces dispositions que nous allons appliquer au cas de guerre.

Il convient de rappeler et de bien retenir encore les principes du Code relatifs au trouble de droit et au trouble de fait. Nous verrons, en en faisant l'application au cas de guerre, combien ils sont importants pour solutionner certaines questions.

Le bailleur n'est pas tenu des troubles de fait, mais est responsable des troubles de droit. C'est ce que proclame le législateur : art. 1725 « Le bailleur n'est pas tenu de garantir le preneur du trouble que des tiers apportent par voies de fait à sa jouissance sans prétendre d'ailleurs aucun droit sur la chose louée ; sauf au preneur à les poursuivre en son nom personnel. » Art. 1726 « Si, au contraire, le locataire ou le fermier ont été troublés dans leur jouissance par suite d'une action concernant la propriété du fonds, ils ont droit à une diminution proportionnée sur le prix du bail à loyer ou à ferme, pourvu que le trouble et l'empêchement aient été dénoncés au propriétaire. »

La distinction du Code civil est très rationnelle. Le bailleur n'est responsable que de ce qu'il peut promettre et garantir.

Il sera dispensé de ses obligations dans le cas où il y aura pour lui impossibilité de les remplir, impossibilité due à la force majeure. Il ne peut y avoir application de sa responsabilité que dans la limite de ses obligations ; il garantit le preneur des agissements de ceux qui prétendent avoir des droits sur la chose et non de ceux qui interviennent sans exciper de ces droits.

Ce sont les principes que nous allons appliquer au cas de guerre. Il y aura diminution ou exonération de loyer en faveur du preneur, toutes les fois qu'il y aura trouble de droit dont le bailleur doit garantie et toutes les fois que la chose sera détruite.

La guerre, en effet, lorsqu'elle viendra modifier les obligations des parties, se présentera sous l'une ou l'autre de ces formes, à savoir la destruction de la chose ou le trouble dans la jouissance.

*<br>* *

*Application à la guerre des principes du Code civil du trouble de droit et du trouble de fait et de la destruction de la chose.*

La guerre peut avoir pour effet de troubler le locataire dans la jouissance de la chose louée. Donnons en exemple ce fait que l'ennemi ou l'autorité militaire nationale oblige l'habitant à évacuer les villages dans la zone des armées, ou cet autre fait que le fermier n'a pu approcher de ses terres pour les cultiver, celles-ci se trouvant sous le feu des belligérants. Il y a là un trouble de la jouissance qui peut même aller jusqu'à sa suppression. Le bailleur est-il responsable de cette atteinte à la jouissance paisible du preneur et doit-il une exonération proportionnelle du loyer

Le trouble de fait de la guerre a été apprécié d'une façon un peu particulière par la jurisprudence. Sous prétexte d'équité elle n'a pas voulu appliquer à la guerre la théorie du trouble de fait du Code civil qui est cependant la seule légale. Elle n'a pas voulu que le preneur fût tenu de payer son loyer quand, à cause de la guerre, il s'est trouvé dans l'impossibilité matérielle de jouir de la chose.

Pour appuyer sa théorie, la jurisprudence, qui s'écartait de la seule règle existante, a essayé d'assimiler la privation matérielle de jouissance à la destruction de la chose et de prendre ainsi pour base l'article 1722 du Code civil. Cette solution n'est soutenable ni en droit ni en équité.

En effet, pourquoi faire supporter au bailleur les conséquences du trouble de fait ? Il n'en est pas l'auteur, même pour une minime part, il doit rester étranger aux événements. Le preneur doit continuer à payer les loyers, la force majeure dont il souffre ne l'exonérant pas. Le preneur supportera donc les risques auxquels est exposée sa jouissance comme le bailleur supporte ceux auxquels est exposée sa propriété. Il serait tout à fait étrange de toujours faire retomber les conséquences de la force majeure sur le propriétaire, en cas de trouble de jouissance du preneur comme au cas de destruction matérielle de la chose. Chacun doit supporter ses risques.

Quelle est la faute du bailleur ? Le bailleur a promis la jouissance, si la force majeure met obstacle à cette jouissance, le bailleur s'abritera derrière la règle d'après laquelle la force majeure dispense de l'acquittement des obligations quand elle constitue un obstacle absolu.

Quant au preneur, son obligation, qui est de payer le prix, n'est pas inexécutable, elle n'est qu'onéreuse. Elle n'est pas non plus sans objet, puisque la chose louée n'est pas détruite.

Du reste, il est admis en doctrine que la force majeure n'atteint pas les tiers. Est-ce que le créancier hypothécaire supporte la perte résultant de la destruction de l'immeuble ? Non, malgré cette destruction, le propriétaire lui doit le remboursement de la créance. C'est que les effets de la force majeure sont personnels, le propriétaire doit rembourser son hypothèque comme si l'immeuble était intact. Il se peut que du fait de la destruction la garantie devienne illusoire, mais le droit au remboursement subsiste. De même, au cas de vente : la perte, en cas de destruction, est supportée toujours par l'acheteur, qui est le propriétaire et qui doit, malgré la perte, acquitter le prix. Une société qui subit des pertes pendant la guerre les supporte elle-même et ne peut prétendre les imposer à ses obligataires.

Faire payer par le bailleur les pertes subies par le preneur, qui ne peut jouir intégralement de l'immeuble, c'est méconnaître, pour un cas unique, le principe de la personnalité des effets de la force majeure : supportent ces effets ceux qui en souffrent directement.

La jurisprudence visée ci-dessus est insoutenable. Comment peut-elle prétendre se baser sur l'article 1722 du Code civil ?

Du moment qu'il n'y a pas destruction matérielle de la chose, l'article 1722 ne peut s'appliquer et le preneur ne peut exciper de ce texte pour demander une résiliation ou une diminution de loyers au cas d'impossibilité de jouissance ou d'entrave à la pleine jouissance.

Quant au droit à garantie, il n'y peut non plus recourir : ce droit n'existe que s'il y a trouble de droit, non s'il y a trouble de fait. Or, en dehors du cas, que nous examinerons plus tard, où la jouissance est entravée par l'Administration usant de son droit de réquisition, la guerre est un trouble de fait.

dans toute la force du terme, que le trouble provienne de nos armées ou de celles de l'ennemi.

Si les Etats reconnaissent le principe de la réparation des dommages de guerre, le preneur pourra se faire indemniser des troubles qu'il a subis, mais le propriétaire, de toutes façons, doit rester étranger à cette réparation.

La jurisprudence, méconnaissant les principes que nous venons de rappeler, a dans presque tout son ensemble, fait l'assimilation que nous critiquons, assimilation de la destruction matérielle de la chose avec la destruction de la jouissance. C'est ainsi, que des locataires, momentanément forcés par les autorités de quitter l'immeuble, ont obtenu la résiliation du bail ou, au moins, une diminution de loyer proportionnelle au temps de non occupation. (Nancy, 7 juin 1873. D. 74.1.159. ; Seine, 29 septembre 1871 S. 71.2.183. ; La Rochelle, 30 mars 1915. Gaz. des Trib., 22 mai 1915 ; Nice, 14 juin 1915, Gaz. des Trib., 14 juillet 1915 ; Seine, 3 juillet 1915, Gaz. des Trib., 14 juillet 1915 ; Bayonne, 5 fév. 1916, Gaz. des Trib., 24 fév. 1916.)

Le locataire, menacé sérieusement par le bombardement, et qui abandonne sa maison, peut demander une diminution proportionnelle du loyer comme dans le cas de destruction partielle. (Paris, 27 janvier 1871. D. 71.3.6.) Mais la crainte exagérée ne suffit pas pour obtenir cette exonération. V. Guillouard. Louage T. I. n° 391. T. II. n° 574. — Huc. Droit civil T. X. n° 304.

Cette jurisprudence est arbitraire puisqu'elle abandonne les seuls principes que l'on puisse suivre et qui sont ceux du trouble de droit et du trouble de fait du Code civil, pour soutenir une théorie inacceptable et prêter au législateur des intentions qu'il n'a pas eues dans l'article 1722.

Elle dit : la loi vise non seulement la destruction totale ou partielle de la chose mais la destruction totale ou partielle de la jouissance.

C'est inacceptable. L'article 1722 dit « destruction », l'expression est très nette. C'est le cas de suppression définitive de la chose qui est visé par cet article, ou celui de destruction partielle. Et l'on comprend que le preneur réclame une diminution de loyer ou se retire, s'il n'a en face de lui qu'un immeuble anéanti ou des restes inutilisables.

Au contraire, l'abandon forcé et momentané laisse subsister l'immeuble, le preneur le retrouvera. La loi n'a pas visé la destruction de jouissance, ce n'est pas une destruction, au sens grammatical ; en tous cas, elle n'est ni absolue, ni définitive.

Si le bailleur supporte les conséquences de la perte de la chose, le preneur doit supporter les conséquences de la perte de jouissance lorsque la chose subsiste.

Les décrets de la guerre de 1914, sur les prorogations de loyers, ont implicitement consacré la même opinion, puisque, sans restriction, c'est-à-dire pour le cas même où le mobilisé locataire a dû abandonner l'immeuble, ils se contentent de lui donner des délais.

Le preneur donc, forcé d'abandonner l'immeuble, n'a pas de recours contre le bailleur. De même le fermier qui est dans l'impossibilité de cultiver, du fait de la guerre. Le recours ne serait légalement admis qu'au cas de « destruction » de récolte ou de « destruction » matérielle de la chose louée d'après les principes des articles du Code civil que nous avons étudiés plus haut : 1722, 1769 et 1770.

*Diminution d'agrément ou de profit.*

Que devra-t-on décider au cas où la guerre, sans détruire la chose louée ou sans la soustraire à la jouissance du preneur, aménera une diminution d'agrément ou de profit ? Il y a là une atteinte à la jouissance, due à un trouble de fait. D'après les principes que nous avons établis, le preneur ne peut, se basant sur ce motif, demander une indemnité au propriétaire, ou, ce qui revient au même, prétendre à une diminution de loyer.

Si la jouissance reste matériellement complète, peu importe qu'elle perde une partie de ses agréments ou de ses avantages. Ainsi, le siège d'une ville, où est l'immeuble loué, n'entraîne aucune diminution dans les obligations du locataire d'un appartement ; il doit intégralement son loyer et même des dommages-intérêts s'il y a eu des dégradations que sa présence aurait empêchées. (Paris, 26 mars 1872. D. 72.2.118 et 28 août 1873. D.74.2.160.) La diminution des avantages de commodité, d'agrément ou de sécurité ne justifie pas une réduction du prix.

De même si la guerre, entraînant une stagnation des affaires, a limité les bénéfices d'une industrie, il n'y a pas lieu à garantie. C'est ce qui a été décidé par la Cour de cassation pour la location des droits de place. (Cass. 21 janv. 1824. D. 74.1.170.) (1)

Le Ministre des finances, à qui la question a été posée pour le prix de gérance des bureaux de tabac, a consacré cette idée que la diminution de recettes n'entraîne pas d'exonération partielle du prix de la gérance.

---

(1) Voir aussi Trib. Civ. de Marseille. Aff. Ville de Marseille contre Silly, 13 février 1917.

La même chose a été décidée pour un théâtre dont les recettes avaient été diminuées par suite de la guerre. (Seine 3 juillet 1915. Gaz. des trib. 14 juillet 1915. et 24 nov. 1915. Gaz. des trib. 28 juillet 1915.

Il convient de remarquer que les tribunaux ne doivent pas appliquer rigoureusement ces principes ni faire abstraction des circonstances de fait et de l'intention des parties. Il se peut que ces dernières aient contracté en considération de certains avantages et que, ces avantages disparaissant avec la guerre, les prévisions du preneur soient renversées. Le contrat devenant moins lucratif, les obligations du preneur seront réduites d'après l'intention commune. C'est ce que l'on appelle la clause « *rebus sic stantibus* ». Il en est ainsi pour le chômage, si cette clause a été envisagée par les parties. Cela a été jugé pendant la guerre de 1914 pour un hôtel de ville d'eaux, qui, par suite des bruits de guerre, de la mobilisation et de la guerre avait perdu sa clientèle d'été. (Trib. civ. de Cusset, 22 janv. 1915. Gaz. des trib. 19 mars 1915.)

Hors cette manifestation de l'intention des parties, la diminution de jouissance ne justifie pas une demande de réduction de loyer.

Nous trouvons des décisions judiciaires qui paraissent extrêmes mais ne sont que l'application très exacte de cette idée.

Il a été jugé que la jouissance n'en subsiste pas moins, quoique perdant son utilité, dans le cas où l'autorité nationale ou ennemie réquisitionne toutes les marchandises de la boutique louée, toutes les machines et les matières premières de l'usine. On peut assimiler ces cas au cas de vol d'un mobilier. Peut-on dire que le preneur dépouillé est dispensé de payer son loyer ? Non l'immeuble reste à sa disposition.

Une solution identique a été donnée pour le pillage de boutiques après un soulèvement. Les loyers continuent à courir si l'appartement ou les locaux commerciaux ou industriels du preneur ont été pillés. (Lyon, 8 fév. 1896. D.97.2.473 et note Boistel. Lyon, 28 nov. 1914. La Loi, 17 janv. 1915.) La perte des objets qui garnissent l'immeuble n'est pas un obstacle à la jouissance ; l'immeuble reste à la disposition du preneur qui doit acquitter régulièrement ses loyers.

Par conséquent, la diminution d'agrément ou de profit, n'affectant que la jouissance, est au risque du preneur et ne peut avoir aucune influence sur ses obligations qui demeurent les mêmes. En effet, si on applique les principes du Code civil, il n'y a là qu'un trouble de fait dont le bailleur ne peut être rendu responsable et la jurisprudence a fait ici une juste application des règles de droit.

*Défaut de jouissance résultant d'un fait personnel.*

Il nous faut examiner une série d'hypothèses où le preneur ne jouit plus de l'immeuble loué par suite d'un fait qui lui est personnel, soit qu'il l'ait abandonné par suite de danger et pour des raisons de convenance ou à cause de sa qualité de sujet ennemi ou de sa mobilisation. Le preneur peut-il dans ces cas invoquer la force majeure, pour ne plus acquitter intégralement ses obligations ?

Nous arriverons à des solutions exactes en appliquant les règles du Code civil et la théorie du trouble de droit et du trouble de fait.

Le preneur quitte les lieux devant le danger provoqué par la présence réelle ou éventuelle de l'ennemi. Que décider dans ce cas ?

La jurisprudence fait des distinctions :

1° Si le preneur est parti sans que le danger fût réel ou imminent, il ne peut demander l'exemption des loyers afférents à la période de non jouissance. (Orléans, 14 juillet 1871. S. 72. 2.237. Paris 28 août 1873.S.73.2.256. D. 74.2.159. Seine 6 déc. 1915. Gaz. des trib. 16 janv. 1916.)

2° Si le départ est justifié par le danger imminent, par exemple, un bombardement, le loyer correspondant à la période de non jouissance n'est pas dû. (Paris 5 avril 1873. D. 74.5.314. Seine, 29 sept. 1871 (1er jugement). S.71.2.183. Trib. de paix de Paris, 27 janv. 1871. D.71.3.6. Trib. de paix de Sèvres, 29 juillet 1871. S.71.2.183.) de même si l'autorité militaire a donné l'ordre ou le conseil de partir.

Cette jurisprudence procède toujours de la même idée que la suppression de jouissance équivaut à la destruction matérielle de la chose louée et que le preneur peut, dans ces circonstances invoquer l'article 1722 du Code civil pour se faire exonérer de la totalité ou d'une partie du loyer. Nous avons déjà combattu cette doctrine et nous ne reviendrons pas sur l'argumentation. L'article 1722 n'est pas applicable par analogie. On ne peut mettre en jeu ici que la théorie du trouble de droit et du trouble de fait. L'abandon de la chose, dû aux menaces plus ou moins sérieuses de la guerre, est un trouble de fait que le bailleur ne doit nullement garantir et qui est aux risques et à la charge du preneur. Ce dernier devra intégralement ses loyers, sans qu'il y ait à distinguer si le danger était réel ou exagéré. Tant que l'immeuble n'est pas détruit, l'article 1722 du Code civil ne peut s'appliquer.

Il faut remarquer aussi que ce trouble de fait ne supprime même pas la jouissance, car, en général, le locataire laisse dans l'immeuble tout ou partie de ses meubles et ainsi continue à posséder la jouissance de la chose louée.

Les mêmes idées s'appliquent au départ par suite de mobilisation.

Les termes des loyers correspondant au temps, pendant lequel la mobilisation a duré, restent dûs, car, ici encore, la jouissance n'est interrompue que dans la personne du mobilisé ; elle reprend toutes les fois que le mobilisé revient chez lui et de toutes façons persiste au profit de sa famille. -)

Les décrets de la guerre de 1914 consacrent cette idée puisqu'ils ne font que proroger les paiements de loyers et qu'ils s'appliquent aux établissements professionnels comme aux établissements privés. Il n'y a pas, à proprement parler, dans la mobilisation, empêchement de jouissance.

C'est ainsi que le bénéfice de la force majeure a été refusé à un fermier mobilisé avec tous ses enfants, alors que sa femme était restée sur les terres et pouvait, en fait, cultiver avec des domestiques. (Melle, 23 oct. 1915. La Loi, 21 déc. 1915.)

Comment régir le contrat d'un bail d'un étranger, sujet ennemi, qui, au moment de la guerre, est obligé de quitter la France ou est interné dans un camp de concentration ? Quelle est l'influence sur ce bail des événements qui l'obligent à renoncer à la jouissance de la chose louée. ?

Il y a ici encore un trouble de fait de la guerre, dont le bailleur ne répondra pas ; les loyers sont toujours dus, le bailleur continue à devoir la garantie de droit. De plus la possession peut persister, malgré les événements, soit par le maintien d'un mobilier, soit par la présence de la famille du sujet ennemi. La jouissance de droit ne lui est pas enlevée et cela reste vrai, qu'il soit parti volontairement ou non. La jurisprudence est conforme à ces principes.

Il n'y a pas à distinguer entre les sujets de pays ennemi ou neutre ; il n'y a pas non plus à examiner les motifs de départ, expulsion .internement ou mobilisation à l'étranger.

*
* *

*Défaut de jouissance provenant d'un trouble de l'autorité ennemie.*

L'ennemi peut troubler le locataire dans sa possession. Le bailleur est-il garant de ce fait ? On ne peut soutenir que l'ennemi a un droit en agissant ainsi. C'est un trouble de fait caractérisé, assimilable au trouble du voleur en période normale. L'ennemi agit sans droit, en vertu des avantages conférés par la force et le bailleur doit rester étranger aux dommages que ses actes peuvent occasionner.

La jurisprudence, fidèle à sa théorie, assimile l'impossibilité de jouissance, due au fait de l'ennemi, à une destruction, et la suppression de l'utilité à la destruction matérielle.

Ainsi, si le preneur a été chassé par l'ennemi qui s'est installé dans l'immeuble, le loyer est suspendu pendant le temps où la jouissance est impossible. (Paris, 13 mars 1873. D.73.2.201. — Nancy, 7 juin 1873. D.74.2.15) Un autre arrêt décide que le locataire n'a pas droit à une réduction de loyer au cas où il loge seulement des soldats ennemis dans une

partie de l'immeuble. (Orléans 14 juillet 1871. S.72.2.
23.) Cela surprend dans le système de la jurisprudence. Il devrait y avoir, toujours d'après ce système,
une exonération partielle.

C'est avec les mêmes arguments que nous combattons une fois de plus cette jurisprudence : il n'y a
encore ici qu'un défaut de jouissance à la charge du
preneur, et cela pour deux raisons : 1° parce que
les risques touchant la jouissance sont à la charge
du locataire ; 2° parce que le trouble de l'ennemi est
un troublede fait pour lequel la garantie n'est pas
due.

Jamais il n'y aura lieu à exonération proportionnelle du loyer, quelle que soit la forme du trouble.

Ainsi, l'ennemi interdit la continuation du commerce exploité dans l'immeuble situé en pays envahi ;
l'ennemi réquisitionne les terres pour les cultiver ;
les terres se trouvent dans la zone battue par le feu
de l'ennemi, on ne peut en approcher pour les cultiver, elles sont du reste peut-être bouleversées. Tous
ces exemples sont des applications du trouble de fait
de l'ennemi dont le bailleur ne doit pas la garantie.

*Défaut de jouissance provenant d'un trouble de l'au-
torité française.*

Nous avons vu, dans les questions traitées ci-dessus, que les effets de la force majeure sont suppor-
tés par les personnes qui en souffrent directement :
les risques se partagent, le bailleur supportant ceux
afférents à la propriété, le preneur, ceux afférents à
la jouissance. Nous avons vu aussi que le bailleur

ne peut être appelé à endosser les conséquences du défaut de jouissance que dans le cas de trouble de droit.

Les applications du trouble de droit sont rares pendant la guerre, car tout procède à ce moment de la force et du fait. Cependant une vaste application du trouble de droit nous est offerte dans les actes de l'autorité nationale, qui, dans un but de nécessité et de défense, apporte certains troubles à la jouissance des preneurs. Elle agit en vertu des lois existantes, par conséquent en vertu d'un droit, il y a donc troubles de droit.

Toutes les fois qu'il y aura trouble de cette espèce, le bailleur aura à garantir et à indemniser le preneur.

Les actes de l'autorité nationale, qui troublent la jouissance des occupants portent le nom de réquisitions.

La réquisition peut porter sur les immeubles et sur les meubles.

Si l'immeuble est réquisitionné par l'Etat, le preneur a droit à une indemnité pour trouble de jouissance due par le bailleur. (Poitiers, 12 juillet 1915. Gaz. des trib. 2 sept. 1915. Lyon, 25 mars 1871. D.71 5.245. Cusset, 22 janv. 1915. Gaz. des trib. 19 mars 1915. La Rochelle, 30 mars 1915. Gaz. des trib. 22 mai 1915. Nice, 14 juin 1915. Gaz. des trib., 14 juillet 1915.)

Si les meubles loués sont réquisitionnés par l'Etat, le preneur, pendant la durée de la réquisition, cesse de devoir son loyer. Cela a été jugé à propos de location de sacs que l'administration préfectorale avait réquisitionnés, pour enlever des farines qu'elle voulait soustraire à l'ennemi. (Angers 12 janv. 1872. S.72.2.38).

Les mêmes décisions se sont renouvelées au sujet de bateaux fluviaux.

Ce sont là des troubles de droit.

On s'est demandé quelle conséquence peut avoir une réquisition irrégulière. La réponse est simple, tout se résout en une question de droit.

La forme de la réquisition importe peu : il y a lieu à indemnité, même si elle est irrégulière en la forme. (Poitiers, 12 juillet 1915 (précité). La Rochelle, 30 mars 1915. Gaz. des Trib., 22 mai 1915. Nice, 14 juin 1915. Gaz. des Trib., 14 juillet 1915). Le droit de réquisition de l'Etat est absolu, les formes de la réquisition ne sont instituées que pour vaincre la résistance possible de l'intéressé. Obéir à une réquisition sans forme, verbale par exemple, c'est devancer l'exécution d'un droit inévitable.

Il n'y aurait qu'un cas où refuser d'obéir à la réquisition serait un droit et un devoir pour l'intéressé, c'est celui d'une réquisition faite par l'autorité incompétente ou dans des conditions illégales. Le preneur, qui veut recourir à la garantie du bailleur, doit vérifier la légalité de la réquisition : une réquisition illégale n'est pas un trouble de droit, puisqu'elle est faite en dehors du droit, elle resterait à la charge de celui qui l'a subie.

En tous cas, la réquisition ne donne lieu à garantie que si elle porte sur l'immeuble ou le meuble et enlève ainsi la jouissance au preneur. La réquisition des produits fabriqués ou des récoltes ne permet aucun recours contre le bailleur ; la réquisition des récoltes détachées ne donne pas lieu non plus à la garantie pour perte de récoltes, puisque, suivant l'art. 1771 du Code civil, le fermier ne peut obtenir de remises lorsque la perte des fruits arrive après qu'ils sont séparés de la terre. Il n'en est autrement que si la récolte est réquisitionnée avant d'être détachée.

A la réquisition partielle il faut assimiler le cantonnement et l'obligation d'entreposer des marchandises appartenant à la troupe ou à une administration publique.

La réquisition n'est pas la seule application constituant un trouble de droit à la charge du bailleur.

Ainsi il y a trouble de droit si l'autorité a ordonné des mesures pour arrêter l'invasion ennemie, comme une inondation, si cette inondation a empêché la jouissance de l'immeuble. (Caen, 13 juillet et 14 décembre 1871.S.72.2.235.)

L'administration a pris durant la guerre de 1914 diverses mesures de police qui ont eu leur répercussion sur les contrats de louage.

On a ordonné la fermeture d'établissements où se faisaient certains commerces : cette mesure doit avoir pour conséquence une remise proportionnelle de loyer.

A Paris, un arrêté du préfet de police du 2 août 1914 a ordonné la fermeture des salles de spectacles et cet arrêté n'a été rapporté que le 23 novembre 1914. Pendant cette période, les loyers n'étaient pas dus .

Ainsi doit être solutionnée la question de la chasse. La chasse pendant la guerre de 1870 comme pendant la guerre de 1914, a été l'objet de mesures particulières.

Un décret du 15 septembre 1870 suspendit le droit de chasse : la jurisprudence décida que le prix du bail de chasse n'était plus dû. (Paris, 1er mai 1875. D. 75.2.204.) De même au début de la guerre de 1914 la chasse fut interdite. Par application de cette idée que le locataire doit être en ce cas dispensé de son loyer, une circulaire du directeur général de l'Enregistrement, des Domaines et du Timbre, mentionne :

« ... La chasse ne devant pas être ouverte pour la saison 1914-15, le Ministre des Finances, d'accord avec son collègue de l'Agriculture, a décidé qu'il serait fait remise d'une année de fermage aux locataires du droit de chasse dans les forêts domaniales. »

Les obligations accessoires incombant aux fermiers de chasse, subsistent, telle la destruction des animaux nuisibles ; leur responsabilité est engagée s'ils n'ont pas tout mis en jeu pour cette destruction.

Il ne peut s'agir ici que d'une diminution proportionnelle du loyer et non d'une résiliation de bail si celui-ci porte sur plusieurs années.

Mais en 1915 des battues ayant été autorisées par décisions préfectorales, en vue de la destruction d'animaux nuisibles à l'agriculture, devait-on considérer les locataires comme jouissant à nouveau de leurs droits ? Le Ministre de l'Agriculture, à qui la question fut posée, a répondu que tout dépend des circonstances de fait, nature et importance de la destruction, utilisation des animaux détruits, stipulations du bail.... etc. Il y aura donc un loyer à arbitrer en considérant divers éléments d'appréciation. Le loyer intégral ne peut être de toutes façons exigé car l'agrément de la chasse et l'utilisation du gibier ne sont plus les mêmes qu'en période normale. En effet, les réglementations des battues imposent des périodes de chasse qui peuvent ne pas convenir au locataire et impliquent une destruction en bloc qui encombre le marché et rend l'écoulement du gibier moins avantageux.

Que peut-il résulter de la mise sous séquestre de la maison louée par un sujet ennemi ? Il y a là un acte de l'administration, accompli régulièrement et en vertu d'un droit, mais cet acte ne doit en rien diminuer les obligations du preneur, le bailleur n'en doit pas supporter les conséquences.

En effet, le preneur continue à devoir son loyer pour la double raison que le bailleur doit rester étranger à des obligations qui sont imposées au locataire à raison de sa nationalité et que la mise sous séquestre ne saurait favoriser le locataire ennemi au détriment du bailleur français. (Nice, 19 juillet 1915, précité). De plus, le preneur ne reste-t-il pas en possession par ses meubles qui ne peuvent pas être enlevés ? La possession du sujet ennemi continue, elle est confirmée par les règles du séquestre.

Ces interdictions de jouissance, dues à des actes de l'autorité, se trouvent quelquefois en présence de stipulations insérées au contrat de bail. Ainsi il est dit que l'immeuble est loué pour l'exercice d'un commerce déterminé et que l'exercice de tout autre est interdit. Dans ce cas, la suppression du commerce par l'autorité détermine une exonération de loyer pour un double motif : l'acte de l'Administration en lui-même est un trouble de droit, puisque fait en vertu de pouvoirs légaux ; la prévision des parties montre dans quel sens l'utilisation des locaux a été envisagée la mesure de l'Administration rend le bail sans raison d'être. (Nice, 14 juin 1915, Gaz.des Trib., 14 juillet 1915 ; Bayonne, 5 février 1916, Gaz. des Trib., 24 février 1916.)

En règle générale, le trouble de droit ne donne lieu à garantie que s'il a été dénoncé au bailleur. (C. civ. art. 1726.) Il en est ainsi dans toutes les circonstances où la guerre donne lieu à trouble de droit, par conséquent dans toutes les hypothèses que nous avons étudiées ci-dessus.

Mais la dénonciation n'est exigée que pour que le bailleur soit en mesure de discuter avec l'auteur du trouble la légitimité du droit que celui-ci prétend exercer. Donc, elle est inutile s'il est établi que le bailleur, recevant communication, n'aurait pas pu discuter efficacement ce droit. C'est ainsi qu'une réquisition régulière au fond ne peut-être contestée par le bailleur. (Poitiers, 12 juillet 1915. Gaz. des Trib., 2 sept. 1915.)

Un acte de l'autorité française n'est pas nécessairement un trouble de  droit. Il y a  trouble de droit dans les hypothèses que nous venons d'étudier, mais il n'y a pas trouble de droit toutes les fois que l'atteinte à la jouissance du preneur provient d'un acte de l'autorité.

On trouvera la différence en ceci : toutes les fois que la jouissance sera atteinte en vertu d'une règle légale et d'un acte juridique, il y aura trouble de droit ; au contraire, si elle est atteinte par une nécessité matérielle de guerre, il y aura trouble de fait. La garantie du bailleur jouera, suivant que l'on se trouve dans l'une ou dans l'autre de ces situations.

Ainsi l'immeuble rural se trouve dans les lignes des tranchées françaises, la jouissance en est rendue impossible, c'est un trouble de fait absolument comme si l'entrave venait de l'ennemi. De même l'évacuation des habitations, qui sont situées dans la zone de combat, bien que faite sur un ordre de l'autorité militaire, est un trouble de fait. Il y a bien un acte de l'autorité, mais au lieu d'être guidé par un principe juridique, il est imposé par une nécessité de lutte, par une règle de fait.

Toute la différence est là et il convient de bien l'observer, car elle détermine des règles opposées sur la garantie due par le bailleur au preneur.

***

*Indemnité due au preneur par le bailleur respon-
sable.*

Le bailleur, comme nous l'avons vu, doit au preneur une indemnité, ou ce qui revient au même,
doit supporter une perte de loyers, toutes les fois
que la loi le déclare responsable, c'est-à-dire au cas
de destruction matérielle de la chose louée et au cas
de diminution de jouissance lorsque celle-ci provient
d'un trouble de droit, le seul dont il réponde.

Les parties ont pu prévoir l'indemnité.

Ainsi, on trouve des conventions par lesquelles les
cas de force majeure sont mis à la charge du preneur. Pour qu'une telle convention ait des effets com-
plets, il faut qu'elle mette à la charge du preneur
les cas prévus et imprévus. Une clause qui met seulement à sa charge en général les cas de force ma-
jeur ne suffirait pas ; les ravages de la guerre doivent
être spécialement envisagés. (Req. 9 déc. 1873 D.
74.1.439). C'est ce que dit le Code qui a traité la
question pour les pertes de récoltes : art. 1772 « Le
preneur peut être chargé des cas fortuits par une
stipulation expresse » ; art. 1773 « Cette stipulation
ne s'entend que des cas fortuits ordinaires tels que
grêle, feu du ciel, gelée ou coulure. Elle ne s'entend
pas des cas fortuits extraordinaires, tels que les ravages de la guerre, ou une inondation, auxquels le
pays n'est pas ordinairement sujet, à moins que le
preneur n'ait été chargé de tous les cas fortuits prévus ou imprévus ». (V. Paris, 29 avr. 1871. S. Chr.).

Un autre fait peut avoir pour conséquence de dégager la responsabilité du bailleur. C'est la réalisation
de certains dangers de guerre qui au moment de la
signature du contrat étaient à l'état de menace. En ce
cas, le preneur ne pourra demander une remise de

loyer. Il pouvait en effet prévoir les conséquences dommageables de ces dangers spéciaux existant au moment du contrat et s'il résiste on n'aura qu'à lui opposer l'article 1771 *in fine* du Code civil d'après lequel le preneur ne peut « demander une remise lorsque la cause du dommage était existante et connue à l'époque où le bail a été passé ».

La liberté des conventions autorise un renversement absolu de responsabilité. On peut par exemple stipuler que le preneur supportera les effets de la force majeure, prévus et imprévus, en ce qui concerne la destruction de la chose louée et en ce qui concerne le trouble dans la jouissance.

En l'absence de ces diverses clauses, la responsabilité du bailleur, dans les limites prévues par le Code civil, a pour conséquence de valoir une indemnité au preneur.

Pour que le preneur ait droit à cette indemnité, il ne faut pas seulement que le bailleur soit responsable, il faut aussi que le preneur éprouve un préjudice. Ainsi, il ne saurait y avoir exonération de loyers, si, à supposer le maintien de la jouissance, celle-ci n'aurait pas procuré au locataire les avantages qu'il espérait en tirer. Par exemple la maison est réquisitionnée par l'autorité militaire, mais, le preneur, qui l'habitait seul a été mobilisé : il n'aurait pu jouir de l'immeuble, donc il n'est pas lésé par une réquisition qui ne le gêne pas.

Quand il y a lieu à indemnité, sur quelle base se calcule cette indemnité ?

Le recours du preneur réside dans la dispense de tout loyer pendant la durée du fait qui a empêché la jouissance. Au loyer il faut assimiler toutes les charges et impôts que le preneur devait payer

à la décharge du bailleur, car c'est là un supplé
ment de loyer. C'est en somme une règle proportionnelle à appliquer : l'exonération dépendra du temps
pendant lequel la jouissance a été interrompue ou
des parties de l'immeuble dont on a été privé.

Le preneur doit être indemnisé exactement mais ne
peut recevoir plus que ce qui correspond au préjudice.
Aussi, toutes les fois qu'il recevra quelque chose de
toute autre personne que le bailleur, cela dégrèvera
d'autant ce dernier. Ainsi, la réquisition est suivie
d'une indemnité. D'après la loi du 3 août 1877,
celle-ci est payée à l'intéressé. (Article 25). Cet intéressé est sans doute le bailleur. Si c'est le preneur
qui la reçoit, il doit, pour avoir droit à une réduction
de loyer, abandonner l'indemnité au bailleur ou en
subir la déduction. (La Rochelle, 30 mars 1915, Gaz.
des Trib., 22 mai 1015 ; Nice, 14 juin 1915, Gaz. des
Trib., 14 juillet 1915).

De même, le preneur qui, dépossédé de son industrie par décision de l'autorité nationale, a sous loué
certaines portions de l'immeuble, inutiles à cette industrie et en a tiré parti, doit le loyer correspondant à ces portions. Cela a été jugé pour le locataire d'un théâtre qui avait sous loué des boutiques
formant le pourtour du théâtre. (Nice, 14 juin 1915,
Gaz. des Trib., 14 juillet 1915.)

*
* *

Telles sont les questions qui pouvaient être intéressantes, touchant les effets de la guerre sur les
obligations des parties dans le contrat de louage de
choses. Nous avons vu dans quelle proportion les risques se partagent entre le bailleur et le preneur. En
principe le bailleur souffre des atteintes à la pro-

priété, le preneur des atteintes à la jouissance, à moins que ces dernières n'aient leur source dans un trouble de droit. Nous avons vu comment s'exerçait la garantie du bailleur et sur quelle base on devait calculer la diminution de loyer toutes les fois qu'une indemnité est due au preneur.

Il nous reste à dire quelques mots de la législation de guerre touchant le contrat de louage. La question des moratoria est une partie peu intéressante au point de vue juridique. En effet, les décrets constituent une série de dispositions qui affectent peu l'essence du contrat. La prorogation des loyers et des baux n'est pas une solution, c'est une mesure temporaire qui recule une difficulté dans l'avenir. Nous examinerons donc cette partie moins avec l'intention d'en faire une étude complète qu'avec le désir de montrer certaines conséquences qu'ont eues les décrets au point de vue civil.

Nous terminerons cette étude en disant quelques mots des projets de loi relatifs aux exonérations de loyers et aux résiliations de baux.

# CHAPITRE II

### Prorogation des délais en matière de loyers et de congés.

La question des loyers est une de celles qui ont le plus préoccupé les pouvoirs publics au moment de la déclaration de guerre. Dès le 14 août, des mesures furent prises par décret en vue de protéger les mobilisés et leurs familles. La guerre bouleversait plus d'un budget, surtout parmi les classes pauvres . Le législateur a voulu que les mobilisés et en général tous ceux qui, possédant peu, scuffraient dans leur profession ou leur fortune, fussent assurés pour eux ou leur famille d'un droit d'habitation stable. Pour cela il proclama le principe de la prorogation des loyers et fermages et des délais de congé en faveur de ceux dont le prix de location ne dépassait pas un certain taux. Ce taux devait être la présomption de gêne pour les non mobilisés ; quant aux mobilisés, ils ont été favorisés, non en considération de leur fortune présumée, mais en considération de leur qualité de défenseurs de la patrie.

Les décrets sont partis d'une idée juste, mais ont été trop généraux pour ne pas créer des situations iniques. On a en somme sacrifié la classe des propriétaires et surtout des petits propriétaires pour ménager les mobilisés et ne pas mécontenter les locataires pauvres ou de fortune modeste.

Le législateur de 1870 avait été moins radical et plus prudent.

La loi du 9 mai 1871 instituait des jurys spéciaux présidés par un juge de paix. Ces jurys étaient composés, outre du président, de quatre membres, deux

propriétaires et deux locataires. Ils statuèrent sans
appel sur toutes les contestations entre propriétaires et locataires, relatives aux loyers échus du 1<sup>er</sup>
octobre 1870 au 1<sup>er</sup> avril 1871. Ils pouvaient accorder
des réductions proportionnelles au temps pendant
lequel les locataires avaient subi, par suite des événements, une diminution dans la jouissance industrielle
ou commerciale, prévue au contrat. Lorsqu'il n'y
avait ni diminution ni altération de jouissance, ils ne
pouvaient accorder que des délais.

Les décrets de la guerre de 1914 ont un résultat
assez grave, c'est, en reculant les échéances, de favoriser une accumulation de créances. Après la guerre,
il y aura là une liquidation laborieuse. Plus d'un
propriétaire supportera une perte globale qui n'aurait pas été souvent aussi considérable si le non paiement des loyers n'avait pas été rendu si facile.

On se rend tellement compte de cette situation
que des dispositions de loi sont déposées auprès des
Chambres. Les unes tendent à faire supporter la
perte par le propriétaire, les autres y font contri-
buer l'Etat, presque toutes partent de cette idée que
le locataire ne pourrait être tenu seul de payer les
frais de la guerre.

On remarquera que le législateur, en voulant ré-
gler certains rapports contractuels du louage de choses, a perdu de vue quelquefois la règle juridique
pour suivre des préoccupations politiques. Nous en
verrons l'application dans certaines dispositions des
décrets qui sont en contradiction avec le droit existant.

Les décrets accordent des faveurs, dans l'exécution
de leurs obligations, à trois catégories de locataires

et à des conditions différentes : les mobilisés, les non mobilisés payant un loyer ne dépassant pas un certain taux et les autres locataires en général qui peuvent en fait justifier d'une gêne dans leurs affaires.

Les locataires présents sous les drapeaux ont été dispensés, par une série de décrets qui n'est pas close et ne le sera qu'après la fin des hostilités, de payer leurs loyers venant à échéance. Chaque nouveau décret continue à proroger non seulement les termes venant à échéance mais encore les termes échus qui se sont accumulés à la faveur de cette législation. La même faveur est accordée de plein droit : 1° aux veuves des militaires morts sous les drapeaux depuis le 1er août 1914 ; 2° aux membres de leurs familles qui habitaient avec eux dans les lieux loués ; 3° aux militaires réformés pour blessure ou maladie contractée à la guerre pendant six mois qui suivent la date de la réforme ; 4° aux sociétés en nom collectif dont tous les associés et aux sociétés en commandite dont tous les gérants sont présents sous les drapeaux.

Un mobilisé qui est mis en sursis ou renvoyé dans ses foyers conserve le bénéfice des prorogations acquises pour les termes courus.

La deuxième catégorie de personnes bénéficiant des décrets est constituée par les petits locataires non présents sous les drapeaux.

La prorogation des loyers est accordée :

1° Aux habitants des territoires énumérés au décret ;

2° A Paris, dans les communes du département de la Seine, dans les communes de Saint-Cloud, Sèvres, Meudon (Seine-et-Oise), pour les loyers inférieurs ou égaux à 1.000 francs pour les locataires patentés ou non et pour les industriels, commerçants ou autres patentés pour les loyers supérieurs à 1.000 francs, mais ne dépassant pas 2.500 francs.

3° Dans les villes de 100.000 habitants et au-dessus pour les loyers inférieurs ou égaux à 600 francs ;

4° Dans les villes de moins de 100.000 habitants et de plus de 5.000, les loyers inférieurs ou égaux à 300 francs ;

5° Dans les autres communes les loyers inférieurs ou égaux à 100 francs.

Le propriétaire peut établir devant le juge de paix que le locataire peut payer, sauf en ce qui concerne les locataires visés au 2ᵉ paragraphe ci-dessus dont le loyer est inférieur ou égal à 600 francs, à moins qu'ils aient un traitement fixe égal ou supérieur à 3.000 francs par an.

Ces dispositions sont textuellement reproduites par chaque nouveau décret dont le seul but est d'offrir les mêmes avantages pour une nouvelle période de temps.

Enfin, les décrets réservent à tout individu, ne rentrant dans aucune des deux catégories ci-dessus, le droit de bénéficier de la prorogation des loyers, moyennant certaines formalités et certaines conditions.

Pour les termes à échoir, le locataire n'aura qu'à faire une déclaration au greffe du juge de paix qu'il est hors d'état de payer tout ou partie des dites sommes, au plus tard la veille du jour où le paiement doit avoir lieu : le propriétaire peut contester devant le juge de paix cette déclaration.

Pour les termes échus, une prorogation est accordée, mais toujours sous la réserve qu'elle ne sera pas contestée par le propriétaire.

Autrement dit, pour cette dernière catégorie d'individus qui ne sont ni des mobilisés, ni des petits locataires tels que les décrets les ont déterminés, la prorogation n'est pas accordée de plein droit, elle doit être demandée au juge de paix, à mesure des échéances, et le propriétaire a le droit de faire la preuve de la solvabilité de son débiteur.

Les trois catégories de locataires ci-dessus ne bénéficient pas seulement d'une prorogation des loyers ; aux mêmes conditions et réserves, l'effet des congés est suspendu, et chaque nouveau décret vient reculer dans l'avenir l'effet du congé possible.

Les baux, prenant fin sans congé, sont aussi prorogés, à charge par le locataire de prévenir le propriétaire au moins un mois à l'avance par lettre recommandée avec avis de réception.

Une disposition a été prise pour les nouvelles locations : lorsqu'un locataire a conclu une nouvelle location et s'il jouit pour son ancienne location de la suspension de congé ou de la prorogation prévue ci-dessus, concernant les mobilisés et les petits locataires, il ne peut être astreint au paiement de la nouvelle location tant que l'entrée en jouissance n'a pas lieu. Toutefois le propriétaire a la faculté de demander au juge de paix la résiliation de la nouvelle location. Les locataires composant la troisième catégorie étudiée ci-dessus ne bénéficient pas des avantages de cette disposition.

En cas de mort sous les drapeaux d'un locataire, ses héritiers ou ayants droit peuvent, si le contrat contient une clause de résiliation en cas de décès ou ne stipule pas expressément la continuation du bail en cas de décès, être autorisés par le juge de paix, à défaut d'accord avec le propriétaire, à sortir des lieux loués sans avoir à acquitter préalablement les termes et, le cas échéant, les indemnités dues en vertu du contrat ou de l'usage des lieux. Le juge de paix fixe, dans sa sentence, les délais accordés pour le paiement des sommes dues au propriétaire.

La poursuite en paiement, dans les conditions d'application des décrets, n'est possible que pour les termes échus ; les termes versés d'avance balancent les termes échus. Ainsi un individu qui ne rentrerait dans aucune des applications des décrets, tel le locataire dont le loyer est de 1.000 francs dans une ville de moins de 100.000 habitants et n'ayant fait aucune déclaration, pourrait être poursuivi dans les termes de son contrat ou suivant l'usage des lieux pour les termes échus.

Pour toutes les contestations relatives à l'application des décrets, le juge de paix est compétent.

Bénéficient des décrets : les trois catégories de locataires, que nous avons étudiées, français, ressortissants des pays alliés et neutres, Alsaciens-Lorrains, Polonais et Tchèques, sujets des empires d'Allemagne et d'Autriche, qui ont obtenu un permis de séjour en France.

Les décrets s'appliquent en France et en Algérie (1).

*
* *

Les derniers décrets se reproduisent et continueront à se reproduire tant qu'il sera nécessaire de maintenir le système de la prorogation. Les mêmes dispositions reviennent donc et certaines mériteraient

---

(1) Nous renvoyons au texte des décrets success'fs des : 14 août, 1er septembre, 27 septembre, 27 octobre, 17 décembre 1914 ; 7 janvier, 13 février, 20 mars, 17 juin, 14 septembre, 28 décembre 1915 ; 28 mars, 28 juin, 28 septembre, 28 décembre 1916 ; 28 mars 1917.

d'être modifiées. Nous allons, à ce sujet, faire quelques observations et quelques critiques.

Le décret du 7 janvier 1915 a été le premier qui ait assimilé aux mobilisés les veuves de mobilisés, en ce qui concerne les avantages des prorogations. Ceci est équitable et a été reproduit par tous les décrets successifs. On devrait même étendre aux veuves tous les avantages accordés aux mobilisés, notamment le droit de ne pas être poursuivies et de ne pas être mises en faillite pendant la durée de la guerre.

Il faudrait logiquement que par l'effet de la mort du mobilisé, les loyers, qui auraient dû être payés par celui-ci, s'il avait vécu, tombent à la charge de la veuve en toute occurence.

Le contraire peut arriver.

Ainsi les époux sont séparés de biens et le bail est conclu au nom de la femme du mobilisé. La dette n'incombe pas au mobilisé, la femme seule étant locataire et en rapport avec le propriétaire, celle-ci ne peut bénéficier des décrets pendant la vie de son mari. En vertu de la disposition du décret, la veuve profitera de la mort du mari, le paiement du loyer sera désormais ajourné.

Certainement, les décrets n'ont pas prévu ce cas, mais le texte est rigoureux : on ne peut arriver à une autre solution.

Autre hypothèse où la règle du décret a une conséquence inattendue : la veuve est séparée de corps, le loyer, naturellement, était payé par la femme, du vivant du mari. Même solution, car la condition d'habitation, si elle est exigée pour les membres de la famille, n'est pas exigée pour la veuve.

On a dit que l'ajournement de plein droit des loyers était accordé aux veuves en considération de la peine qu'elles peuvent éprouver de la perte de leur mari. La raison n'est pas toujours bonne, pour expliquer la faveur générale de la loi. Il serait exagéré de dire, pour la femme séparée de corps, que le deuil est lourd à porter.

A plus forte raison, accordera-t-on l'ajournement automatique des loyers à la veuve qui, non séparée de corps ou de biens, a loué un immeuble, par exemple pour y exercer un commerce en son nom personnel, avec l'autorisation de son mari ou de la justice.

Dans toutes ces hypothèses, la veuve qui du vivant du mari ne pouvait bénéficier des avantages des décrets, en obtient l'application de plein droit dès que le mari mobilisé meurt.

Il existe des cas où les conséquences sont aussi surprenantes, lorsque le loyer qui était à la charge du défunt n'est pas, par sa mort, mis à la charge de la veuve.

Ainsi les époux sont séparés de biens, mais habitent un appartement loué au nom du mari ; ces loyers dus par le mari ne peuvent être réclamés à la femme à moins qu'elle ne lui succède. Dans la mesure où elle lui succédera, ces loyers ne pourront lui être réclamés puisqu'ils sont moratoriés. Quant aux loyers à échoir après le décès du mari mobilisé, ils ne demeurent à sa charge que dans la mesure où elle hérite ; le bail se transmet aux héritiers et non à la femme séparée de biens.

Si la veuve avait loué avant le décès de son mari ou a loué après ce décès un immeuble en son nom personnel, elle bénéficie d'un ajournement automatique de ces loyers.

D'autre part, le bail a été consenti au mari, la veuve renonce à la communauté, elle n'est pas tenue des loyers passés et futurs de l'immeuble ; mais pour les loyers de l'immeuble qu'elle louera ensuite, elle profitera de  l'ajournement.

Donc, la veuve  bénéficie de l'ajournement, non seulement pour l'immeuble loué lors de la mort du mobilisé, mais encore pour celui qu'elle viendra à louer après sa mort.

Le texte des décrets ne fait aucune distinction, on ne peut en faire : ce n'est plus une faveur à la dette, c'est une faveur à la personne.

Les décrets assimilent aux veuves des mobilisés, les femmes des disparus. C'est une disposition bien inutile. Ou le disparu est mort et la femme profite des décrets comme veuve, ou le disparu est prisonnier et c'est lui.qui en profitera comme mobilisé et sa femme par contre-coup.

Les décrets assimilent encore aux  mobilisés les membres de  sa famille qui habitaient  antérieurement avec les lieux loués, si le mobilisé est mort ou disparu. Les termes employés par les décrets sont trop généraux, on peut en tirer des conséquences qui dépassent certainement l'intention de leurs auteurs. Ainsi, le mobilisé habitait avec son père, qui était locataire ; la mort du fils procure un ajournement au père. De même, le mobilisé habitait avec un frère, il laisse pour héritier ses enfants ; le frère qui va habiter ailleurs pourra invoquer les décrets ; pourtant, ceux-ci ne sont  pas faits pour lui. Quant aux enfants héritiers, s'ils n'habitaient pas avec le mobilisé, ils se verront poursuivis pour les termes arriérés, qu'ils doivent en qualité de successeurs et pour les termes futurs, qui échappent à l'application des décrets.

Nous avons fait ces observations, pour montrer que les termes des décrets ne sont pas parfaits et qu'ils contiennent en germe des inconséquences.

Il convient encore d'examiner la dispositions des
décrets qui prévoit une résiliation de bail à la mort
du mobilisé, véritable résiliation extra-contrac-
tractuelle. Il y a ici un reproche très grave à faire,
celui d'avoir violé une disposition du Code civil.

Les héritiers d'un militare décédé peuvent être
autorisés à quitter l'immeuble sans avoir à payer
les termes échus, le juge de paix fixe les délais de
paiement en donnant l'autorisation de sortir. L'autorisation n'est accordée que si le contrat contient une
clause de résiliation ou ne stipule pas expressément
la continuation du bail en cas de décès.

D'après le droit commun, il faut laisser les meubles dans les lieux loués pour garantir les loyers
futurs, à moins de payer tous les termes échus et
à échoir. Alors on ne voit plus l'utilité de la disposition des décrets pour les héritiers qui quittent des
locaux, dont ils devront le prix, pour aller dans
d'autres dont ils devront aussi le loyer.

L'autorisation du juge de paix de sortir n'est con-
cevable que dans le cas de bail expiré.

Mais s'il est exact qu'on a voulu dans les décrets
limiter la faveur au locataire dont le bail est ter-
miné, il paraît clair que les décrets, en permettant
aux héritiers du mobilisé de quitter l'immeuble, non
pas seulement si le contrat contient une clause de
résiliation en cas de décès, mais aussi si le contrat
« ne stipule pas expressément la continuation du
bail en cas de décès » ont entendu reconnaître que le
décès sous les drapeaux met fin au bail du mobilisé. En effet, la disposition serait exorbitante vis-
à-vis d'un bail qui continuerait. Or, il est de principe que « le contrat de louage n'est pas résolu par
la mort du bailleur ni par celle du preneur. »
Article 1742. C. civ. Les décrets ont-ils violé une

loi ? Le gouvernement n'a, en vertu de la loi du 5 août 1914, que le droit par décret de suspendre les obligations, il n'a pas le droit de rompre les contrats. Donc, on ne peut approuver ces dispositions qui sont en opposition avec celles du Code civil. Tant qu'une loi n'interviendra pas, le bail continuera malgré la mort du mobilisé, et si les héritiers obtiennent la permission de sortir, les termes futurs seront dus jusqu'à la fin du bail. Tout au plus le juge de paix pourra reculer les échéances de ces termes.

Les meubles, répondant des termes échus et à échoir, ne pourront sortir, car, d'après les principes, un locataire ne peut enlever la garantie avant l'acquittement de toute sa dette.

Telles sont les observations que soulève l'étude des décrets. Ces décrets n'ont pas toujours été faits avec un grand soin, ils procèdent surtout d'une préoccupation sociale et l'on a vu que des conséquences inattendues peuvent en être tirées ; on y rencontre même des inexactitudes juridiques.

Du reste, cette législation de circonstance est peu intéressante, comme nous l'avons dit au début de cette étude, parce qu'elle est éphémère et parce qu'elle ne solutionne rien, mais recule dans l'avenir des difficultés provoquées par la guerre dans l'exécution du contrat de louage.

# CHAPITRE III

### Réductions de loyers et résiliations de baux à loyers.

En présence des propositions et projets de loi, qui, dans une mesure plus ou moins large, font peser sur le bailleur les pertes éprouvées pendant la guerre par le locataire, on se demande quels bouleversements futurs la législation de la guerre amènera dans le contrat de louage.

Sous des influences souvent plus politiques que juridiques, la question des réductions de loyers, par suite des événements de guerre a continué à être discutée. Elle l'a été simultanément avec celle de la résiliation.

Après un rapport supplémentaire de M. Ignace, député, et un avis de la commission du budget sur ce projet, une discussion fort longue à la Chambre a abouti à un texte voté le 22 avril 1916. Le projet a été transmis au Sénat le 18 mai 1916. (Journ. off. Doc. parl. 1916, Sénat, p. 247.) Le Sénat après avoir discuté divers amendements a voté le projet après modifications le 28 juillet 1916. (Journ. off. 28 et 29 juillet 1916.)

On a cherché à justifier ces réductions de loyers en faisant valoir les bouleversements causés par la guerre dans les situations des locataires et surtout des petits locataires.

Le gouvernement, dans l'exposé des motifs de son second projet, s'exprime ainsi : « Les volontés ne sont génératrices d'obligations mutuelles qu'à la condition de se mouvoir dans le champ ordinaire des prévisions humaines et, si l'événement les dépasse, son effet est de rompre entre les deux parties cet équilibre naturel qui, faisant la probité du contrat, doit, aux yeux du législateur, faire aussi sa force. Cette modification essentielle dans les rapports des parties altère profondément la convention primitive. Elle ne saurait cependant l'anéantir si brutalement qu'elle puisse autoriser de plein droit l'éviction immédiate du locataire, auquel la jouissance des lieux loués est, pour un temps au moins, indispensable. Ainsi se substitue dans les relations du propriétaire et du locataire, au régime du libre contrat, un état de nécessité dont il appartient à la loi de fixer les règles en s'inspirant à la fois de l'intérêt général et des besoins de l'équité. »

Cette théorie tend à violer le principe du caractère obligatoire des contrats et à imposer, par l'autorité de l'Etat, des obligations ou des droits contraires à l'intention première des parties.

De plus, pourquoi limiter cette protection de l'Etat au au contrat de louage ? Tous ceux qui souffrent de la guerre devraient pouvoir réclamer.

On a invoqué l'équité : il est vrai que la mesure est équitable envers le locataire, mais est-il juste de faire du bailleur un donateur forcé ? Les propriétaires, dans la discussion de ces projets de loi, ont été très attaqués et fort peu défendus.

L'exonération a été la conséquence forcée de cette législation des prorogations. Les loyers moratoriés se sont accumulés sous la protection et l'encouragement du législateur. La liquidation d'une telle situation est à peu près impossible, si de nouvelles mesures ne viennent pas aider les locataires obérés.

Les conséquences de telles mesures, au point de vue juridique, sont déconcertantes.

Nous allons voir les dispositions les plus intéressantes à notre point de vue, relatives aux réductions de loyers et aux résiliations de baux.

L'article 13 du projet voté par le Sénat porte : « Sans préjudice des règles du droit commun et des clauses des conventions, il pourra être accordé pour la durée de la guerre et les six mois qui suivront le décret fixant la cessation des hostilités, des réductions de prix, pouvant aller, à titre exceptionnel, jusqu'à l'exonération totale, au locataire qui justifiera que, par le fait de la guerre, il a été privé ou bien des avantages d'utilité ou d'usage de la chose louée, ou des ressources normales nécessaires au paiement de ses loyers. Dans tous les cas, la commission arbitrale devra tenir compte, tant pour admettre le droit à la réduction que pour en déterminer l'étendue, de l'ensemble des ressources et des charges du locataire. »

A remarquer les mots « à titre exceptionnel ». Même dans le cas de suppression complète des avantages de la jouissance, il peut ne pas y avoir exonération complète.

L'exonération « pourra » être accordée et la commission arbitrale devra tenir compte de l'ensemble des revenus du locataire. C'est annihiler en grande partie le premier cas d'exonération, car le locataire, privé des « avantages d'utilité » n'a plus droit à la réduction, que si l'ensemble de ses revenus a diminué. Il n'y a pas droit, par exemple, si dans un autre local il a réalisé des bénéfices ou s'il a recueilli une succession dont les revenus ont compensé ses pertes professionnelles.

La preuve de la diminution des avantages ou du revenu incombe au preneur. Cela est conforme aux règles de la preuve et c'est équitable. Le locataire demande une modification à son contrat, il est juste que les faits soient établis par lui. D'ailleurs, comment le bailleur pourrait-il démontrer que le preneur a eu toute l'utilité de la chose ou que ses revenus n'ont pas diminué ?

L'article 15 du projet, voté au Sénat, vise une exonération complète des loyers (et non plus seulement la réduction comme l'article déjà examiné pour certaines catégories de locataires . « Sauf la faculté, réservée au propriétaire, d'administrer la preuve contraire, sont présumés remplir les conditions fixées à l'article 13 et comme tels totalement exonérés du paiement de ce qu'ils restent devoir sur leurs loyers échus ou à échoir pendant toute la durée des hostilités et les six mois qui suivent, les locataires mobilisés, privés, par suite de cette mobilisation, de leur traitement, gain ou salaire habituel et ne recevant pas une solde ou une rétribution égale ou supérieure au dit traitement gain ou salaire, pourvu qu'ils occupent des locaux rentrant dans une des catégories suivantes : 1°A Paris et dans le département de la Seine, locaux d'un loyer inférieur ou égal à 400 francs, si le locataire  est célibataire, à 500 francs s'il est marié ; 2° dans les communes de 100.001 habitants et au-dessus, logements dont le loyer est égal ou inférieur à 300 francs, si le locataire est célibataire, à 350 francs s'il est marié ; 3° dans les communes de 20.001 à 100.000 habitants, logements d'un loyer inférieur ou égal à 200 francs, si le locataire est célibataire, à 250 francs s'il est marié ; 4° dans les communes de 5.001 à 20.000  habitants, logements d'un loyer inférieur ou égal à 150 francs, si le locataire est célibataire, à 200 francs s'il est marié ; 5° dans les communes de 1.000 à 5.000 habitants, logements d'un loyer inférieur ou égal à 100 francs, si le locataire est célibataire, à 150 francs s'il est marié ; 6° dans les communes de moins de 1.000 habitants, logements d'un loyer inférieur ou égal à 75 francs, si le locataire est célibataire, à 100 francs s'il est marié. Ces chiffres, prévus aux paragraphes précédents, seront majorés de 50 francs par enfant de moins de 16 ans ou autre personne à la charge du locataire dans les villes de plus de 5.000 habitants et de 25 francs dans les autres communes. »

L'exonération prévue, pour les catégories susvisées, est de plein droit ; elle n'a pas besoin d'être demandée et le propriétaire qui veut prouver qu'elle n'est pas justifiée doit prendre l'initiative du procès.

L'exonération de plein droit ne s'appliquera, d'après le projet du Sénat, qu'à la période pendant laquelle le locataire a été mobilisé et l'exonération accordée pour les six mois, qui suivront le décret fixant cessation des hostilités, ne s'appliquera qu'aux locataires ayant été mobilisés au moins pendant les six derniers mois précédant  la dite cessation des hostilités.

Sont présumés être privés des ressources nécessaires à l'acquittement des loyers, non seulement les locataires mobilisés prévus à l'article 15, mais encore les locataires non mobilisés occupant des locaux d'habitation rentrant dans l'une des catégories déterminées par l'article 15.

Une disposition spéciale concerne les réformés ; les réformés, à la suite de blessures ou maladies se rattachant à la guerre seront exonérés du paiement de leurs loyers pendant la durée de la guerre et les six mois qui suivent, s'ils justifient qu'ils n'ont pas conservé de ressources suffisantes ou qu'ils n'ont pu reprendre un métier ou une profession leur permettant de payer tout ou partie du prix de leur location.

Comme toujours, les difficultés d'ordre juridique seront nombreuses à solutionner.

Comment déterminera-t-on si la maladie a été contractée à la guerre ? La maladie est-elle contractée à la guerre, par céla seul qu'elle est survenue pendant l'exercice de fonctions militaires ? La maladie ne peut-elle pas être étrangère à ces fonctions et même due à l'imprudence ou à la faute du mobilisé ? Une maladie contractée à l'intérieur peut-elle être assimiliée à une maladie contractée à la guerre ?

La procédure du projet édicte que le locataire a cédé son bail le cessionnaire, demandant la réduction ou l'exonération de son loyer, devra appeler son cédant et le propriétaire devant la commission arbitrale.

Le locataire principal qui a perçu d'un sous-locataire, en tout ou en partie, le prix du bail, en doit compte au propriétaire et ne peut invoquer ainsi les exemptions prévues pour se dispenser de payer.

Les dispositions du projet ne s'appliquent qu'aux baux antérieurs au 1ᵉʳ août 1914 et ne concernent que les locataires qui étaient déjà en possession des lieux loués à cette époque.

A titre exceptionnel, elles peuvent être invoquées pour les baux postérieurs au 1ᵉʳ août : 1° par les réfugiés des départements envahis ; 2° par les locataires appelés sous les drapeaux en vertu de lois ou décrets postérieurs au 1ᵉʳ août 1914 et par leurs ayants-droit ; 3° par les hommes engagés après le 1ᵉʳ août ou par leurs ayants-droit.

Les conséquences des mesures que nous venons de relater tendent à faire supporter au bailleur les risques de la guerre puisque on exonère le locataire à son détriment. On n'a pas osé lui faire supporter le plein effet de ces exonérations ou réductions.

L'article 29 du projet dispose : « Les propriétaires dont les locataires auront été exonérés en tout ou en partie, en vertu des articles 15, 16 et 17, auront droit à une indemnité de l'Etat, à raison de la réquisition faite de leur propriété, en exécution de la présente loi. Cette indemnité sera de 50 % des loyers dont le locataire a été déchargé. »

De telles dispositions se passent de commentaires dans une étude juridique. Un bouleversement pareil dans l'économie de contrats, conclus librement avant la guerre, au détriment d'une classe de la société, ne peut se discuter. Il y a là, sous le couvert de l'interprétation des intentions des parties et d'un principe d'équité, une ingérence arbitraire et très dangereuse de l'Etat.

Le projet de loi du Sénat ne se borne pas à solutionner les questions, relatives à la réduction et a l'exonération des loyers, il vise aussi les résiliations et les prorogations des baux.

Art. 3 : « Les baux à loyers seront résiliés : lorsque le locataire a été tué à l'ennemi ou est décédé des suites de ses blessures ou d'une maladie contractée à la guerre ; le bail est résilié de plein droit sans indemnité sur déclaration de sa veuve, de ses héritiers en ligne directe ou, à défaut, de ses héritiers collatéraux si ceux-ci habitaient habituellement avec lui les lieux loués. » La déclaration sera faite au greffe de la justice de paix dans les six mois qui suivent le décès. Lorsque le propriétaire établira qu'il avait fait des aménagements exceptionnels qu'il devait amortir sur la durée du bail, la commission arbitrale pourra lui allouer une indemnité.

La résiliation peut être prononcée sans indemnité aux mêmes conditions, en cas de présomption de décès.

La résiliation peut être prononcée encore si le

locataire, retourné du service, justifie que, par suite de blessure ou maladie, il ne peut plus exercer sa profession antérieure : il doit en faire la déclaration dans les six mois de sa mise en réforme.

Seront admis au bénéfice des mêmes dispositions, et dans les mêmes conditions, les veuves et les héritiers des locataires qui, sans être mobilisés, ont été tués au cours de faits de guerre ou sont morts des suites de blessures reçues ou de maladies se rattachant à ces faits.

La résiliation du bail a lieu sans indemnité et est prononcée sur la demande du locataire qui justifie du défaut de ressources.

La résiliation du bail peut être obtenue pour les sociétés en nom collectif ou en commandite simple, en cas de mort de tous les associés en nom.

Enfin, au sujet des prorogations de baux, le projet de loi du Sénat décide que, peuvent être prorogés, par la commission arbitrale, à la demande du locataire et aux conditions fixées au bail, les baux expirant pendant la durée de la guerre ou pendant les six mois qui suivront la cessation des hostilités aux conditions ci-après : 1° pour une durée maxima égale à celle de la guerre, les baux des locaux commerciaux ou industriels ; 2° pour une durée maxima d'une année, les baux écrits des locaux affectés à l'habitation ; 3° pour une durée maxima de six mois, les locations verbales. Le locataire devra, à peine de forclusion, faire connaître au bailleur son intention par acte extrajudiciaire au plus tard dans les deux mois qui suivront l'expiration du bail.

Toutes les contestations, auxquelles la loi donnera lieu, seront, quel que soit leur chiffre, jugées par une Commission arbitrale des loyers, compo-

sée, outre le président, de quatre membres, savoir :
deux propriétaires, deux locataires. Les décisions de
la commission ne seront susceptibles que du recours
en cassation pour excès de pouvoir ou violation de
la loi.

Tel est le projet qui, moyennant quelques modifications probables sera converti en loi. C'est l'abou-
tissement fatal du système des moratoriums. L'im-
pression très nette, qui se dégage des débats ayant
précédé les votes, est que les propriétaires ont été
très attaqués et peu défendus. Une telle législation
ne peut que se constater ; au point de vue juridique,
elle échappe à la discussion, elle heurte des dispositions écrites et la loi du contrat y est arbitrairement méconnue.

# QUATRIEME PARTIE

## Contrat de Travail

Le contrat de travail est un de ceux qui ont été
le plus touchés par la guerre. Il a soulevé des questions nouvelles et la jurisprudence a émis à son sujet
une théorie assez partiale, en tous cas très hardie.

Le contrat de travail met en présence deux individus : le salarié qui loue sa force de travail et l'employeur qui rémunère le travail. La guerre affectera
le contrat si elle touche l'un ou l'autre de ces individus.

La guerre peut atteindre l'entreprise. (Nous ne parlerons à l'avenir que de l'entreprise. Sous le mot
d'entreprise il est facile d'examiner tous les événements de force majeure intéressant l'employeur).
L'usine peut être détruite, le commerce interdit ou
rendu impossible par les événements, le patron peut
être mobilisé. Remarquons que ce dernier cas aura
peu souvent une influence sur le contrat de travail,
car derrière le patron se trouve malgré tout et presque toujours une affaire organisée, l'entreprise, qui
fonctionnera en son obsence. La mobilisation du
patron ne sera prise en considération que lorsqu'elle
détruira l'entreprise, comme au cas de faillite en droit
commun. C'est pour cela que nous choisissons
ce terme d'entreprise, la solution étant la même quel
que soit la manifestation de la force majeure : atteinte
aux affaires ou atteinte à la personne du patron.

De même la guerre peut toucher le salarié et
ainsi affecter le contrat de travail.

Mais dans cette occurence, la personne du salarié doit être nécessairement atteinte ; elle ne peut l'être que par la mobilisation seule hypothèse pour le salarié.

On voit donc ici la différence de situation avec celle que nous venons d'examiner à propos du patron ou employeur.

Nous traiterons successivement ces deux questions : 1° Effets de la guerre sur le contrat du travail par rapport à l'entreprise ; 2° effets de la guerre sur le contrat de travail par rapport au salarié mobilisé.

# CHAPITRE I

Effets de la guerre sur le contrat de
travail par rapport à l'entreprise.

La guerre a sur l'entreprise un effet soudain et
souvent fatal. Elle provoque des conditions économiques nouvelles et un bouleversement dans le travail national, dans le commerce, l'industrie, l'agriculture, dans l'exercice des professions libérales.
Tel industriel cessera d'avoir besoin d'employés ou
d'ouvriers, parce qu'il n'aura plus de travail à
donner, son industrie étant paralysée par le défaut
prolongé des matières premières ou par la perte de
débouchés. Tel marchand, dont la clientèle est dispersée, se verra contraint de fermer son établissement ou de réduire au minimum ses frais généraux. Tel négociant sera obligé de renoncer, peut-être
pour longtemps, à tout trafic, parce qu'il ne pourra
recevoir ou expédier les marchandises qui font l'objet habituel de son commerce.

Tel simple artisan, qui occupe ordinairement dans
son atelier plusieurs ouvriers, n'aura plus assez de
travail pour suffire à sa propre activité profession-
nelle ou, se trouvant mobilisé et ne pouvant se faire
suppléer, sera obligé de fermer des locaux qu'il ne
peut laisser sans surveillance. On verra certaines
maisons transformer leur industrie ou leur commerce au point de changer si complètement de spé-
cialité, qu'elles devront réclamer des aptitudes nouvelles et parfois différentes de leurs ouvriers ou employés.

Ces changements inopinés, ces perturbations seront
pour tous le résultat d'événements qui échappent à la
volonté ou aux prévisions, qui même dépassent infiniment les éventualités que pouvaient envisager les

plus prudents parmi ceux qui concluaient un contrat de travail. -

Ce n'est pas à dire que toutes les fois que l'entreprise est touchée par la guerre, le salarié devra être écarté du bénéfice du contrat de travail. La volonté d'une partie n'est pas omnipotente. La gêne ou la perturbation ne sera prise en considération que lorsqu'elle aura tous les caractères de la force majeure pouvant justifier l'inexécution des obligations.

Le contrôle du juge du fait est à la disposition du salarié qui se croit lésé. Les tribunaux apprécient en appliquant l'éternel principe de la force majeure, par interprétation de l'article 1148 du Code civil ; la force majeure ne met obstacle à l'exécution des obligations qu'autant qu'elle a mis le débiteur dans l'impossibilité absolue de donner ou de faire ce à quoi il était obligé. Les tribunaux examinent donc si en fait il y a véritablement pour l'entreprise impossibilité de continuer l'exécution du contrat de travail.

Nous trouvons l'application de cette méthode dans la jurisprudence de 1870 et des années qui ont suivi la guerre. Nous la retrouvons aussi dans les décisions modernes.

Ainsi, il a été jugé qu'un patron ne peut invoquer, comme constituant un cas de force majeure, pour congédier son employé sans indemnité, la guerre qui restreint ses affaires. (Nancy, 14 juillet 1871. S.73.2. 33.) Un patron qui n'avait pas congédié son employé n'est pas fondé à lui refuser le paiement de ses appointements prétextant des pertes et des dommages causés par la guerre et le siège de Paris. (Paris 2 décembre 1871. D.72.5.307.) De même le patron qui prétexte de changements apportés dans la marche de ses affaires pour renvoyer quelques employés doit payer à ceux-ci le dédit qui a été stipulé pour le cas de renvoi anticipé. (Nancy, 14 juillet 1871. D.72.2.158.)

Même principe directeur dans la jurisprudence moderne : on ne peut être exonéré de toute responsabilité contractuelle qu'en excipant de la force majeure. Et celle-ci s'entend de l'obstacle, rendant l'exécution impossible, et non pas plus onéreuse ou plus difficile.

C'est ce que décide un arrêt de la Cour de cassation. (Civ. 4 août 1915. D.16.1.22.) En vertu d'un contrat de louage de services à durée indéterminée. une première couturière aux appointements de 900 francs par mois était employée par une société de confections. La guerre surgit, la maison ferme le 3 août 1914 et ouvre de nouveau en octobre suivant. A ce moment la maison refuse de reprendre cette employée, et affirme, à l'appui de sa prétention, que le contrat est rompu, car il y avait force majeure pour la société dont les affaires étaient considérablement réduites à cesser son exploitation.

En fait, l'exécution du contrat était toujours possible ; elle n'était rendue que plus onéreuse par la guerre ; la société défenderesse ne pouvait se prévaloir de l'article 1148 du Code civil.

C'est ce que déclare l'arrêt de la Cour de Cassation : le contrat visé est régi par l'article 1780 du Code civil, la résiliation du fait d'un seul est possible, mais en respectant le délai de préavis, sinon il y a lieu à dommages-intérêts. Dans l'espèce, il n'y a pas force majeure, donc application du droit commum, c'est-à-dire exécution du contrat sinon congé avec respect du délai d'usage ou paiement du dédit, qui correspond aux gages que l'employée aurait reçus pendant le délai du congé.

Tout aboutit à une appréciation de fait.

Un jugement du tribunal du commerce de Toulouse du 1er juin 1915. (D.16.2.112) fait une appréciation plus large de la force majeure que l'arrêt précité. Il décide que le marchand tailleur qui travaille uniquement pour une clientèle de luxe, que l'état de guerre a dispersée, ne peut être condamné à payer à son coupeur les appointements convenus antérieurement à la guerre. En l'espèce, le coupeur réclamait l'exécution intégrale du contrat, cette exécution n'étant pas rendue impossible mais seulement plus onéreuse.

La décision, après avoir proclamé que les engagements contractés doivent être exécutés conformément aux termes de la convention pourvu que cette exécution puisse s'opérer dans les circonstances courantes et habituelles inhérentes à la vie économique normale, déclare que l'état de guerre, en troublant profondément la vie économique du pays, crée dans le commerce et l'industrie des situations difficiles qui ne permettent pas d'obliger ceux qui en sont victimes à remplir des engagements ruineux.

On peut cependant concilier cette solution d'espèce avec les principes rappelés plus haut.

Les difficultés que la guerre fait naître dans l'exercice d'un commerce ou d'une industrie peuvent être parfois si grandes qu'en réalité elles équivalent à une impossibilité absolue. Si, par suite des hostilités, la ruine doit être certainement la conséquence de l'exercice du commerce ou de l'industrie, il serait exagéré de dire que cet exercice est rendu seulement plus difficile et plus onéreux pour le commerçant ou l'industriel : il ne s'agit plus alors de vaincre certains obstacles au fonctionnement régulier des affaires ou de subir une diminution dans les bénéfices, voire même des pertes légè-

res ; c'est en définitive, si l'on est obligé de continuer, la faillite certaine, la dispartion à brève
échéance de l'exploitation. Dans de telles conditions, ne faut-il pas admettre qu'il y a pour le patron impossibilité véritable d'exécuter les engagements qu'il a pris vis-à-vis de ses employés ?

En résumé, l'entreprise sera dégrevée de toute
responsabilité lorsqu'elle justifiera qu'elle est dans
l'impossibilité, du fait de la guerre, d'exécuter le
contrat de travail.

Les tribunaux ont un champ très large pour apprécier s'il y a véritablement force majeure ou seulement conditions plus onéreuses d'exécution. C'est
ce qui explique la diversité et l'apparence contradictoire de certaines décisions.

# CHAPITRE II

### Effets de la guerre sur le contrat de travail par rapport au salarié mobilisé.

La mobilisation est un événement constitutif de force majeure : c'est un acte souverain et irrésistible, agissant sur la liberté de la personne et rendant impossible l'exécution des obligations de faire, qui sont la raison d'être du contrat de travail.

Quelle est la situation juridique créée par cet événement ? On constate, en cette matière, un effet très ordinaire de la force majeure sur l'obligation du débiteur : le salarié est mis dans l'impossibilité de faire profiter le patron du travail de sa personne, cette inexécution est due à un fait qui lui est étranger, à un fait qu'il n'a pas provoqué, auquel il ne peut remédier, donc qui a les caractères de la force majeure, l'exonérant de toute responsabilité contractuelle, de tous dommages-intérêts qui dans une situation normale seraient la compensation de l'inexécution de l'obligation.

D'autre part, le patron est délié de ses obligations par contre-coup. Il y avait contrat synallagmatique, puisque obligations réciproques ; les principes de la théorie de la cause jouent ici; les obligations du salarié disparaissant, celles du patron deviennent sans cause. C'est l'application de la théorie classique de la force majeure dans tous les contrats à obligations mutuelles. Ainsi, le locataire n'est plus tenu de son loyer si l'immeuble est détruit par force majeure. Le chargeur ne paie pas le fret, si le navire réquisitionné ou mis sous séquestre n'exécute pas le voyage. L'acheteur n'a pas à payer le prix de marchandises qui ne lui sont pas livrées parce que leur fabrication n'est plus possible... etc.... etc...

Rien ne serait plus simple que d'appliquer ces règles qui sont celles de tous les contrats atteints par la force majeure. Il n'y aurait presque jamais de difficultés en matière de contrat de travail, puisque la mobilisation est un événement classé, qui a toute la valeur de la force majeure. et est la seule raison d'être de la rupture de contrat du salarié. Dans le contrat de travail, tout devrait se passer automatiquement : constatation de la mobilisation, fait du prince et, par contre-coup, libération réciproque et instantanée des deux parties.

Mais, à l'occasion de ce contrat et de la mobilisation des salariés, s'est formée toute une jurisprudence que l'on peut qualifier de tendancieuse. On y sent une préoccupation sociale plutôt que le souci de l'exactitude juridique et le désir de ménager une classe de la société, les salariés, souvent au détriment des patrons. C'est là un sentiment de respect ou de crainte que nous ne discuterons pas. Sans doute, celui qui retourne des armées est éminemment respectable surtout s'il revient diminué. Mais faisons observer que la mobilisation et les sacrifices de la guerre ont pesé sur le patron comme sur l'ouvrier, que la question se pose pour des salariés qui sont, comme des directeurs d'usines, payés à un taux qui n'est pas le taux des petits emplois ; enfin, que dans le domaine du droit il faut juger en dehors de toute considération de sentiment et surtout en dehors de toute préoccupation de classes.

Il y a, à propos du contrat de travail, une situation que la guerre a créée, qui est un des effets de la force majeure et qui doit être appréciée d'après les principes du droit existant et non pas d'après des tendances sociales plus ou moins confuses.

La question est fort simple : la mobilisation du salarié doit-elle avoir sur le contrat de travail un effet résolutoire absolu et instantané ou un effet dilatoire ? On doit arriver à la solution par les régles existantes.

Nous allons examiner l'état de la jurisprudence sur la question, pour mieux la discuter et voir si l'on peut arriver à une solution juridique.

La jurisprudence moderne admet, en cas de mobilisation du salarié, que le contrat de travail est prorogé pendant la durée de la mobilisation. La reprise du contrat est fatale, elle est reportée dans le temps. Durant cette période d'attente, le patron ne pourrait prétendre se séparer définitivement du salarié, cela ne sera possible que du jour où les parties se retrouveront et où le contrat aura repris son cours, bien entendu en respectant à ce moment-là les termes de la convention ou à défaut les usages établis.

C'est par application de ces principes que le tribunal civil de la Seine, 7ᵉ Chambre, confirmant un jugement du conseil des prud'hommes, a statué par le jugement ci-après du 22 mars 1915. D. 1916.2.101.)

« Le Tribunal :

Attendu qu'il résulte des documents versés aux débats que R..., entré le 3 octobre 1910, à la Compagnie de N.-S..., a été nommé garde-frein... ; qu'il a été mobilisé le 11 août 1914 et a été réformé au corps le 22 août; qu'il se présenta alors à la Compagnie pour reprendre son service, mais qu'il lui fut répondu que, par suite de la mobilisation, il ne faisait plus partie du personnel ; que, néanmoins, le 2 septembre, il fut soumis à l'examen du médecin chef du N.-S. et du médecin de la Caisse de prévoyance... ; que R... assigna la Compagnie le 16 septembre  lui réclamant pour indemnité de  brusque rupture de contrat une somme de 1.800 francs, laquelle  représente  le montant de ses salaires annuels ;

Attendu que, par jugement  contradictoire du 28 septembre, le  conseil des  prud'hommes, estimant que R... avait droit  aux  avantages réservés par l'article 65 *ter* du cahier des charges aux employés de la Compagnie, dont les jours de maladie ont été dûment  constatés, a condamné  la Compagnie du N.-S. à lui payer une somme de 5 fr. 25 par jour à dater de son retour dans ses foyers et ce pendant le temps  qu'il  ne pourrait travailler  sans que le temps puisse dépasser une année ;

Attendu que la Compagnie  a interjeté appel de ce jugement ; que l'appel est régulier, que sa recevabilité n'est pas contestée ;

Attendu que la Compagnie soutient que la mobilisation était un cas de force majeure entraînant la rupture du contrat ; que lorsque R... s'est présenté après avoir été réformé au corps, il ne pouvait plus s'agir que d'un nouvel embauchage auquel elle ne s'était d'ailleurs pas refusée, mais que l'examen médical auquel il avait  été soumis suivant les règlements habituels, ayant démontré son inaptitude, il n'avait pas été embauché ;

Attendu que la mobilisation, fait extérieur et indépendant de la volonté des parties, rend impossible à l'employé ou l'ouvrier mobilisé l'accomplissement de son engagement, qu'elle constitue bien un cas de force majeure tant que cette impossibilité subsiste ; mais que si elle vient à disparaître par suite du retour de l'employé dans ses foyers, l'obstacle à l'exécution de l'obligation n'aura été que momentané et le contrat reprend son cours ; qu'il est donc inexact de prétendre, comme l'a fait la Compagnie, que la mobilisation a eu pour effet la rupture définitive du contrat et que lorsque R... s'est présenté, il s'agissait de conclure un nouveau contrat de travail ;

Attendu que, si en principe, la maladie est en elle-même un cas de force majeure qui dégage les parties de leurs obligations respectives, cette règle reçoit exception lorsque, comme dans l'espèce actuelle, une convention spéciale a prévu le cas où l'ouvrier est devenu, par suite de la maladie, dans l'impossibilité de remplir son engagement ;

Qu'en effet, le contrat à durée indéterminée qui liait R... à la Compagnie, était d'une nature spéciale, en ce sens que le bénéfice de la clause du cahier des charges imposant à la Compagnie comme condition de sa concession, l'obligation de payer intégralement ses salaires pendant un an à l'ouvrier blessé ou tombé malade à son service, peut être invoquée par l'ouvrier au profit de qui elle a été stipulée par l'administration dans un intérêt d'ordre public et pour obvier précisément aux conséquences funestes d'une maladie survenue au cours du travail ;

Attendu en définitive que, le contrat n'ayant point été rompu et son exécution ayant été seulement suspendue par la mobilisation, R... était fondé à se prévaloir des dispositions de l'article 65 *ter* du cahier des charges ;

Par ces motifs, confirme purement et simplement le jugement attaqué ;

Condamne la Compagnie du N.-S. à tous les dépens de première instance et d'appel. »

Le Tribunal de commerce de Nancy s'est inspiré de la même doctrine dans une affaire où il a statué par un jugement du 6 décembre 1915. (D.16.2.103.)

« Le Tribunal

Attendu que, suivant convention verbale, en date du 5 janvier 1914, B... est entré au service des Etablissements X... et Y..., aux appointements de 300 francs par mois, plus un quart pour cent sur les affaires traitées, avec garantie d'un minimum de 200 francs par mois, que cette convention a été conclue pour une période de trois années, à dater du 5 janvier 1914 avec la faculté pour chacune des parties d'y mettre fin en prévenant l'autre trois mois à l'avance ;

Attendu que B... a été mobilisé ; que la Société lui a signifié, le 25 octobre 1915, qu'à partir du 31 juillet 1916, le contrat de louage de services prendrait fin ; que B..., estimant que la Société n'avait pas le droit de le congédier, l'a assigné en 1.500 francs de dommages-intérêts ; qu'il demande, en outre, jusqu'à la fin des hostilités et à sa libération, que la Société soit tenue d'assurer le logement, le chauffage et l'éclairage de son ménage, ainsi qu'elle l'a fait jusqu'à ce jour ; qu'enfin il fait réserve de tous ses droits au sujet de l'établissement de son compte de commissions ; que B... a assigné personnellement aux mêmes fins X..., administrateur de la Société X... et Y... ; et que X... demande sa mise hors de cause;

. . . . . . . . . . . . . . . . . .

Sur les dommages-intérêts demandés par B... ;

Attendu que l'inexécution des engagements de l'une des parties est une cause de résolution des contrats ; qu'il importe peu que l'inexécution provienne d'un fait volontaire de la partie ou d'un cas de force majeure;

Attendu que la société s'appuie sur ces principes pour soutenir que B..., par suite de la mobilisation,

se trouve dans l'impossibilité de remplir ses obligations ; qu'elle en tire cette conséquence que le contrat de louage de services passé avec lui est rompu
et qu'elle n'est pas tenue de payer des dommages-
intérêts à l'occasion de cette rupture ;

Attendu que la mobilisation doit être considérée
comme un cas de force majeure, parce qu'elle constitue un fait indépendant de la volonté des parties
et qu'elle met l'employé dans l'impossibilité d'exécuter ses engagements ;

Attendu que B... est mobilisé depuis le commen-
cement des hostilités, que l'impossibilité où il se
trouve de tenir ses engagements constitue un cas
de force majeure ;

Mais, attendu, qu'il a été dans l'intention des parties que si cette impossibilité d'exécution venait à
disparaître par suite du retour de B... dans ses
foyers, l'obstacle à l'exécution de ses obligations
n'aurait été que momentané et que le contrat de
louage de services reprendrait son cours ; qu'on
trouve d'abord la preuve de cette intention dans ce
fait que le logement, l'éclairage et le chauffage qui
sont donnés gratuitement à tous les employés et dont
B... bénéficiait à ce titre, continuent à être assurés
à sa famille, quoiqu'il soit mobilisé ; qu'on trouve
ensuite la preuve de cette intention dans ce fait que
la Société a cru devoir recourir à une signification
de congé pour empêcher B... de reprendre son emploi à la cessation des hostilités ;

Attendu que s'il est vrai que le contrat qui lie
B... à la Société X... et Y... est un louage de services pouvant, comme tel, être rompu par la seule
volonté de l'une des parties, il convient de remarquer
que la dénonciation de ce contrat s'est produite pendant la mobilisation ; que tant que dure la mobilisa-

tion, ce contrat n'est pas définitivement rompu ; qu'il n'est que suspendu ; que dès lors c'est seulement lorsque le contrat aura repris son cours que la Société pourra valablement le dénoncer à B...

Attendu que si, en cas de rupture de ce contrat, un préavis de trois mois est nécessaire, c'est afin de permettre à B... de trouver une autre situation ; que celui-ci étant mobilisé, est dans l'impossibilité de chercher un autre emploi ;

Attendu enfin que les hasards de la guerre peuvent faire que B... ne rentre pas dans ses foyers ; qu'il est donc inutile de prendre, dès à présent, des mesures qui n'auront d'efficacité que si B... retourne dans ses foyers ; qu'il convient, dans ces conditions, de décider que la dénonciation du contrat de louage de services faite par la Société doit être considérée comme inopérante ;

. . . . . . . . . . . . . . . . . . . . . . . . . . . . . . . . . . . . . . . .

Par ces motifs déclare nul et non avenu le congé donné à B... par la Société X... et Y... ;

Dit que l'action en dommages-intérêts intentée par B... contre la dite société n'est pas recevable, ce contrat n'étant pas rompu, mais son exécution seulement suspendue ;

Condamne la Société X... et Y... à tous les dépens. »

De même il a été jugé par le Tribunal civil de la Seine, par décision du 21 avril 1915. (D. 1916.2.101) que, lorsque par suite de l'état de guerre, un employé, dans l'espèce un directeur d'usine, appartenant à une classe mobilisable, a été obligé de quitter précipitamment son poste, sans avoir eu le temps matériel de prévenir son patron, sur un ordre formel et général de l'autorité militaire enjoignant à tous les territoriaux et réservistes non encore convoqués ou en sursis d'appel de rejoindre immédiatement, ce départ doit être considéré comme causé par force majeure. Dès lors, l'employé après son affectation ou régularisation de sa situation militaire, est autorisé à rentrer dans ses foyers et s'il regagne son poste, son patron n'est pas fondé à le congédier sans indemnité. Ainsi, s'exprime le jugement.

« Attendu que O..., comme tous les territoriaux de la classe 1887, était tenu d'obéir à l'ordre de quitter Isbergues pour rejoindre Montluçon ;... l'ordre devait être exécuté immédiatement... ; O... devait suivre l'itinéraire fixé par l'autorité militaire ;

« Attendu qu'ansi la demande de O... est justifiée, qu'on ne peut lui reprocher d'avoir abandonné son poste sans motif légitime et que la Société qui l'a renvoyé lui doit, aux termes mêmes du contrat d'engagement qui exigeait un préavis de six mois, ses appointements pendant cette période de six mois soit : 12.500 francs, plus 7.500 francs, représentant le minimum de la part de bénéfices pendant ces six mois. »

Cette jurisprudence affirme plus qu'elle ne prouve.

Elle commence par constater que la mobilisation est un événement de force majeure, justifiant l'inexécution des obligations et excluant les dommages-intérêts.

Il n'y aurait rien à dire si elle s'arrêtait là : ceci est conforme aux principes de la force majeure.

Mais, cette jurisprudence va plus loin : elle affirme que la durée des hostilités est une période transitoire qui réserve les droits à l'exécution du contrat de travail pour l'avenir. Le contrat est prorogé. Les parties se retrouveront après que l'obstacle à l'exécution aura disparu. En attendant, le contrat étant suspendu, une d'elles ne peut y mettre fin, en le dénonçant pendant la mobilisation de l'autre ; cette dénonciation ne sera efficace que du jour où la suspension du contrat aura cessé et où les parties seront remises en présence.

Ces décisions paraissent, tellement elles sont catégoriques, faire allusion à des textes de loi ou à des principes que l'on ne discute pas. Il n'en est rien. Elles érigent en règle acquise l'effet dilatoire de la force majeure dans le contrat de travail. Que vaut cette affirmation ? Dans les autres contrats on reconnait à la force majeure tantôt un effet résolutoire absolu et instantané et tantôt seulement un effet dilatoire, lorsque cela paraît mieux correspondre à l'intention des parties. Pourquoi dans le contrat de travail reconnaître toujours un effet dilatoire à la mobilisation qui n'est qu'un simple cas d'application de la force majeure ?

Y a-t-il dans l'essence de ce contrat et dans l'intention présumée des parties quelque chose qui impose fatalement cette solution ?

Dans le contrat de travail, l'une des parties met à la disposition de l'autre, qui s'engage à la payer, sa force de travail, sans qu'il y ait lieu de distinguer si ce travail est d'ordre physique ou intellectuel.

La personne du salarié est donc l'élément essentiel de ce contrat ; tout repose sur le salarié, sur sa valeur, son habileté, son endurance.

Le but des parties est de se satisfaire mutuellement et de rester le plus longtemps en rapport, pour une utilisation de services, tout en respectant le principe de la liberté individuelle : les usages réservent à chacun la possibilité de se retirer en respectant certaines formes et délais qui pallient les inconvénients d'une rupture brusque. C'est tout ce que l'on trouve dans le louage de services à durée indéterminée. Dans le louage de services à durée déterminée, il y a quelque chose de plus : l'essence du contrat est la même, mais, l'intention de rester en rapport est plus affirmée puisque les parties se lient pour un temps fixé par la convention. Dans l'un et l'autre cas le point qui nous intéresse se retrouve, le désir constant d'utiliser une force de travail et la nécessité de rester en présence, condition *sine qua non* du rendement.

C'est en s'inspirant de l'essence du contrat et de la commune intention des parties que l'on doit raisonner en cas d'inexécution du contrat durant la guerre.

Si une des parties ne satisfait pas à son obligation (obligation de fournir sa force de travail ou obligation de rémunérer cette force), la partie lésée demandera des dommages-intérêts à l'autre, dommages-intérêts basés sur l'usage ou sur les termes du contrat. Mais si l'événement faisant cesser le travail n'est imputable ni à l'un ni à l'autre, il y aura extinction des obligations respectives sans dommages-intérêts.

C'est à ce moment que se pose la question qui nous intéresse : le contrat qui cesse par événement tels que, maladie, grève, guerre, est-il rompu ou est-il prorogé dans l'avenir jusqu'au moment où la reprise sera possible ?

Nous allons voir que ni les précédents législatifs, ni les précédents jurisprudentiels, ni l'examen de la nature du contrat et de l'intention des parties ne nous permettent d'adopter le principe aujourd'hui admis par les tribunaux d'une façon assez inattendue de la prorogation du contrat de travail durant la mobilisation du salarié.

Quels ont été les précédents législatifs ?

Un seul cas a été prévu par la loi : celui des périodes d'exercice militaires en temps de paix.

« En matière de louage de services, si un patron
un employé ou un ouvrier est appelé sous les drapeaux comme réserviste ou territorial pour une période d'instruction militaire, le contrat de travail ne
peut être rompu à cause de ce fait. » (Art. 25 du
Livre I, titre II, Code de prévoyance sociale.)

La loi, ne voulant pas qu'un devoir national de
courte durée porte tort à des situations acquises, a
admis en ce cas une prorogation formelle.

*A contrario*, le contrat doit être rompu au cas de
service militaire régulier et obligatoire qui constitue
une période d'interruption déterminée à l'avance,
mais de longue durée.

Dès à présent, ne voit-on pas l'esprit de la loi ?
Il y a suspension du contrat toutes les fois que
l'événement de force majeure est un obstacle de peu
de durée, il y a rupture toutes les fois qu'elle entraîne une longue interruption tout à fait en dehors
de l'intention des parties, intention visant une prestation continue de services.

Que décide la jurisprudence toutes les fois qu'un
événement fortuit vient toucher le contrat de travail,
hors le cas de la guerre ?

La question s'est souvent posée pour la maladie
du salarié.

Les tribunaux jugent constamment que si l'ouvrier est atteint d'une maladie qui se prolonge, le
contrat est considéré comme rompu de plein droit
et le patron n'est pas obligé de reprendre l'ouvrier
après guérison. (Cass. 7 juin 1905.D.1908.1.74. S.
1906.1.20.) Mais si la maladie est courte le contrat est
simplement suspendu. (Cass. 7 déc. 1909.D.1910.1.
65. Seine, 19 janv. 1893. La Loi, 9 fév. 1893.)

Ces décisions sont parfaitement justifiées. Elles
s'inspirent de l'intention des parties pour donner à

la force majeure un effet résolutoire ou dilatoire.
Les parties ont conclu en vue de l'utilisation du travail : si la prestation de travail est impossible, il y
a cessation des rapports sans dommages-intérêts. Si
la prestation est impossible pendant une durée, qui
dépasse les prévisions des parties, il y a rupture.
Si la cessation est de courte durée, les risques de
la force majeure se répartissent sur l'ouvrier qui
n'est pas payé pendant la période de chômage.
(Trib. de paix, Paris, 1er avril 1910. S.1910.2.292)
et sur le patron qui sera privé de ses services et
sera tenu de reprendre le salarié après la guérison.
Le contrat de travail ne résiste à l'événement que
si la maladie est de courte durée : une telle éventualité est envisagée par les parties, c'est un risque
normal de la machine humaine. Il en est ainsi dans
le Code civil allemand (art. 616, et dans le Code
Fédéral suisse des obligations, art. 346).

Tels sont les précédents qui peuvent nous éclai-
rer. On voit que le législateur et les tribunaux s'inspirent du caractère de l'événement, pour attacher à
la force majeure un effet résolutoire ou simplement
un effet dilatoire. Le contrat de travail est rompu
toutes les fois que l'interruption est d'une durée
assez longue pour dépasser les prévisions de l'accord. C'est le cas pour la mobilisation.

Après la relation de ces précédents, examinons
théoriquement si on peut faire découler la prorogation du contrat de l'intention des parties.

Nous avons dit plus haut que la présence des parties et l'utilisation des services constituent les éléments essentiels du contrat de travail.

Si par suite d'un événement de force majeure, la
présence n'est plus possible, le contrat ne correspond plus à rien dans l'esprit des parties, il devient

inexistant. Bien entendu, il faut que la séparation soit de durée et l'on peut raisonner par analogie sur les précédents que nous avons indiqués ci-dessus. La guerre constitue une séparation de durée imprévue et souvent considérable qui doit amener la rupture définitive du contrat.

Cela paraît correspondre à l'intention des parties. Du jour de la mobilisation du salarié, on ne peut savoir jusqu'à quand durera la séparation. De plus, il est impossible de prévoir si les choses seront entières lors de la reprise possible du contrat : l'ouvrier peut être diminué dans sa capacité de travail par suite de blessure ou de maladie ; l'entreprise peut être bouleversée par la guerre, réduite, transformée en vue d'une fabrication spéciale et mieux appropriée à de nouveaux besoins. Du jour de la cessation des hostilités, les choses ne seront pas nécessairement rétablies, il peut y avoir une clientèle à refaire, des matières premières à trouver...

Peut-on, dans une situation pareille et aussi complexe, infligée par la guerre, imposer la prorogation du contrat de travail au patron, qui de ce fait serait obligé de reprendre tous ses ouvriers à leur retour, à moins de faire constater dans des procès innombrables, les changements, plus ou moins faciles à établir et à justifier, apportés par la guerre à son commerce ou à son industrie.

Il faut toujours en revenir à l'intention des parties, lors de la passation du contrat, puisque la question n'a pas été encore résolue par un texte de loi formel. Les parties n'ont pas prévu la compatibilité d'une longue interruption avec le caractère d'utilisation constante des forces de travail qui est la caractéristique de ce contrat.

Quelque chose choque dans la thèse de la jurisprudence. Le patron pour la prospérité de ses affaires a le droit de maintenir le chiffre de son personnel et de remplacer définitivement les manquants qui, comme au cas de mobilisation, doivent rester longtemps étrangers à l'entreprise. Soutenir le contraire serait donner au patron un rôle de dupe et faire peser sur lui tous les effets de la force majeure.

Il est un principe admis en doctrine, qui veut que dans un contrat les risques se partagent. Chacun supporte les effets inhérents à sa situation. Ici l'ouvrier subira le risque qui est la perte de l'emploi. Le patron souffrira de l'événement en ce sens qu'il courra le risque de ne pouvoir remplacer le salarié supportant ainsi un amoindrissement dans le rendement de l'entreprise. Le patron, en vue de l'existence et de la constante prospérité de ses affaires, lorsqu'un salarié est mobilisé, a donc le droit de « se remplacer » pour employer l'expression du commerce. La durée d'absence du mobilisé en effet, est illimitée et indéterminable à l'avance : l'ouvrier ou l'employé sera remplacé définitivement. Tout ce que l'on peut dire, c'est que la fin du contrat ne donne pas lieu à dommages-intérêts puisque l'inexécution est due à un cas de force majeure non imputable au débiteur de l'obligation.

Du reste, la jurisprudence que nous combattons, si elle veut rester logique avec elle-même, arrivera à des conséquences assez dangereuses pour ceux qui feront l'intérim des mobilisés. Le salarié, pris en remplacement, devra être renvoyé sur l'heure aussitôt que le mobilisé reparaîtra. En effet, on ne peut imposer au patron une double présence pour le même emploi, ou ce qui revient au même le paiement du dédit d'usage qui constituerait un cumul de salaires.

Puis, cette jurisprudence, bâtie tout à l'avantage des mobilisés, ne se retourne-t-elle pas contre eux, puisque le patron, obligé, d'après elle, à les reprendre, pourrait par conséquent leur imposer le retour dans leur emploi primitif ?

Il n'est pas possible, étant données les règles de l'interprétation de l'intention des parties, les précédents législatifs et jurisprudentiels, d'admettre la thèse de la prorogation du contrat de travail pendant la guerre. L'esprit du droit s'y oppose, et, tant que le législateur n'aura pas édicté un texte formel sur la question, on doit conclure avec nous que le contrat de travail est rompu par la mobilisation du salarié.

On voit combien il est facile de sortir du domaine juridique. La jurisprudence est en train de le faire pour le contrat de travail, sous l'influence de cet esprit de protection du mobilisé, qui règne durant cette guerre.

Sans doute la préoccupation est louable, mais, les mesures ne seront justes que si elles ménagent tous les intérêts en présence et si elles sont légales.

Peut-être un texte de loi interviendra-t-il sur la question ; le ministre du Travail et de la Prévoyance sociale a consulté sur ce sujet les commissions mixtes de travail.

En attendant et en l'absence de toute disposition écrite, nous devons nous en tenir aux principes du Code civil et ne reconnaître à la guerre un effet destructeur sur le contrat de travail que dans le cas où il y a impossibilité d'exécution, venant de la mobilisation du salarié et de la ruine ou de la disparition de l'entreprise (1).

---

(1) Une proposition de M. Mons du 11 mai 1915. (Journ. Offi. Doc. parl. Chambre p. 407), porte que si un patron ou un salarié est appelé sous les drapeaux par suite de la mobilisation générale de l'armée, le contrat de travail ne peut être rompu à cause de ce fait. Une autre proposition de M. Deshayes, du 26 août 1915, tend au même but. (Journ. Offi. Doc. parl. Chambre p. 925.)

# CINQUIEME PARTIE

## Contrat de Transport

La mobilisation des moyens de transport au moment de la déclaration de guerre, bouleversera les contrats de transports commerciaux. C'est que l'utilisation des principales artères du pays pour la défense nationale était impérieuse et le sacrifice des intérêts particuliers devenait une bien petite considération.

Après l'arrêt du début, nous observons la reprise progressive de la vie économique et des transports. Mais, malgré tout, l'état de guerre reste, suivant les endroits, comme une menace ou au moins comme une entrave. Cela provient soit du voisinage de l'ennemi, soit les exigences stratégiques, soit des difficultés et des pénuries occasionnées par l'état nouveau : manque de main-d'œuvre, manque de spécialistes, manque de matières premières, impossibilité d'entretenir normalement le matériel roulant, impossibilité de le remplacer.

Les transports ne sont pas remis complètement de cette secousse et ne pourront s'en remettre tout de suite après la cessation des hostilités.

Lorsque nous parlerons des transports dans le cours de cette étude nous aurons en vue surtout les grandes entreprises terrestres comme les compagnies de chemins de fer qui restent le type des transporteurs touchés par la guerre.

C'est cette situation que nous allons examiner.

Nous verrons jusqu'à quel point le contrat de transport a été intéressé et comment les obligations des parties peuvent être modifiées par l'état nouveau et les imprévisions qu'il a fait surgir.

# CHAPITRE I

***

### La guerre et le contrat de transport.

*Obligations du voiturier ou du commissionnaire
envers l'expéditeur ou le destinataire.*

Le voiturier est tenu de transporter les marchandises dans les délais convenus, de veiller durant le transport à leur conservation et de les remettre au destinataire.

D'où trois sources possibles de responsabilité.

1° La perte de marchandises totale ou partielle, seulement lorsqu'il y a des manquants. 2° Les avaries, lorsque les marchandises ont subi des détériorations. 3° Le retard, lorsque les marchandises ne sont pas parvenues à destination dans les délais convenus. (Art. 103 et 104, C. comm. — Art. 1782 et suiv. C. civ.).

Le commissionnaire de transport est responsable dans les mêmes cas que le voiturier. (Art. 97 et 98 C. com.) Point n'est nécessaire que la perte, les avaries ou le retard se soient produits, alors que les marchandises étaient entre ses mains. Le commissionnaire de transport est en effet garant des faits des voituriers et commissionnaires intermédiaires auxquels il confie les marchandises. (Art. 97 et 99 C. comm.) Peu importe qu'il ait eu ou non le choix des transporteurs, le Code ne distingue pas.

La responsabilité des voituriers ou des commissionnaires commence au moment où leurs agents reçoivent les marchandises.

*Influence de la guerre sur les obligations du transporteur.*

La guerre peut exonérer le transporteur des obligations que nous avons rappelées ci-dessus. Le voiturier ne répond pas de la force majeure ; donc, en tant que la guerre aura pour lui ce caractère, il sera dégagé de toute responsabilité. En effet, les voituriers « sont responsables de la perte et des avaries des choses qui leur sont confiées, à moins qu'ils ne prouvent qu'elles ont été perdues et avariées par cas fortuit ou force majeure. » (Art. 1784 C. civ. V. art. 103 C. comm.) C'est le droit commun, et le transporteur peut invoquer ces dispositions du Code, même après avoir accepté les marchandises sans réserves. (Cass., 16 juillet 1890. D.92.1. 387. — 15 juillet 1891. D. 92.1.386. — 9 déc. 1891. D.92.1.386. — 23 avril 1893.D.95.1.296.)

Si le transporteur invoque la force majeure, il doit la prouver. Rien de plus naturel : celui à qui on a confié une chose doit justifier du fait qui met obstacle à la restitution. Du reste il est nécessaire qu'il en soit ainsi : l'expéditeur n'a aucun moyen de surveiller les objets confiés et se trouverait désarmé s'il fallait qu'il établisse la faute du transporteur, généralement compagnie puissante. Il en est tellement ainsi que la doctrine la plus récente soutient que les règles de la responsabilité du voiturier sont plus rigoureuses justement à cause de l'infériorité de l'expéditeur pour établir cette responsabilité. La responsabilité du transporteur repose sur une présomption de faute. Il y a, *a priori*, apparence, rattachant le dommage à l'initiative du transporteur. Ce dernier pour combattre cette apparence, devra établir la véritable cause du dommage, en la ratta-

chant soit au fait de l'expéditeur, soit au fait d'un
tiers dont il n'a pas à répondre, ou enfin à une
force étrangère à l'entreprise et plus puissante que
les moyens dont on peut disposer.

Lorsque le transporteur invoque la force majeure,
il faut que celle-ci soit un fait extérieur et notable.
Nous avons étudié plus haut ces caractères de la
force majeure. Toutes les fois que l'obstacle sera
connexe à l'entreprise, c'est-à-dire résultera de son
fonctionnement ou de la faute de ses directeurs, il y
aura simple cas fortuit et responsabilité. La force
majeure provient de l'obstacle extérieur qui vient
s'imposer dans le milieu professionnel avec une
puissance irrésistible et imprévue : à cette condition
seulement le débiteur est irresponsable.

Cette distinction devait être rappelée, car elle
s'applique, dans toute sa rigueur, au contrat de
transport. Le transporteur est irrecevable, lorsque
la guerre vient rendre impossible l'accomplissement
normal de ses obligations. C'est que la guerre est
le type de l'événement de force majeure, externe et
irrésistible. Elle ne deviendrait connexe à l'entreprise que dans le cas où le transporteur aurait pu
la prévoir ; il en serait alors responsable comme il
est responsable des obstacles qui ont leur source
dans le fonctionnement normal de l'exploitation et
que l'on groupe sous l'expression « cas fortuit ».
(V. Josserand. Les Transports, n°ˢ 568 et s. Ripert.
Traité de Droit maritime t. 2, n°ˢ 1578 et s.).

L'article 1784 du Code civil ne vise que les transports de choses matérielles animées ou inanimées.
Les règles de la responsabilité sont-elles les mêmes
pour les transports de personnes ?

Dans le transport de marchandises, la responsabilité du transporteur dérive de l'obligation qu'il a

assumée dans le contrat de restituer en bon état les marchandises dont il a pris la charge ; elle est donc contractuelle puisque dérivant d'une obligation conventionnelle.

Pour les transports de personnes y a-t-il responsabilité contractuelle du transporteur ? C'est une opinion très soutenue. (1). On dit : le voiturier prend le voyageur à charge comme il prend une marchandise ; il doit le restituer tel qu'il l'a reçu. La responsabilité du transporteur est contractuelle. Le voyageur n'aura que deux choses à prouver, comme l'expéditeur de marchandises, le *contrat et le dommage. Le transporteur répondra, s'il y a lieu, en établissant la force majeure, c'est-à-dire l'évenement externe et imprévisible qui l'a empêché de transporter sans dommage ou sans retard.

La Cour de cassation est entrée dans cette voie. (Ch. civ. 21 nov. 1911.S.1912.1.73 et 27 janv. 1913.)

Le voyageur peut donc agir en vertu de l'article 1147 du Code civil et c'est pour le décharger du fardeau de la preuve que l'on a invoqué l'assimilation, avec le transport de choses.

Pour le transport de voyageurs, la théorie de la responsabilité contractuelle est assez singulière. On est amené à cette assimilation par la ressemblance qui existe entre ces deux transports. Mais cette similitude n'est qu'apparente. Le voyageur n'est pas un objet inerte, il a une initiative propre, la Compagnie de transports ne peut prétendre le surveiller et *a

_________

(1) Sarrut, note au Dalloz 1885. 1. 433 ; Lyon- Caen notes au Sirey 1885.1.129, 1912.1.73 ; Esmein notes au Sirey 1897.1.17, 1900.2.57 ; Labbé, note au Sirey 1894.2.57 ; Desjardins III n° 874 ; Danjon III n° 927 ; Jacobs I n° 497 ; Comp. Thaller : traité élément. de Droit commercial 1886 p. 127. Josserand, les Transports n°ˢ 870 et s.

*priori* nul ne peut dire si le dommage subi est du
à la faute de la Compagnie ou à l'imprudence du
voyageur.

*
* *

La jurisprudence a fait l'application des principes
de la responsabilité du transporteur, notamment en
ce qui concerne les Compagnies de chemins de fer
lors de la guerre de 1870.

Les Compagnies ont été exonérées de toute responsabilité contractuelle au cas de retard dans
les livraisons. (Cass. 20 nov. 1872.D.73.1.254. — 18
juin 1873. D. 74.1.112) et de non-livraison (Lyon 11
janv. 1872, sous Cass. 26 nov. 1873.D.1875.1.15.)
parce qu'elles avaient été obligées d'employer tout
le matériel roulant aux transports de la défense
nationale.

De même, le transporteur est irresponsable en cas
de pillage par l'ennemi, alors qu'aucune faute d'im-
prévoyance ne lui est imputable. (Cass. 21 juillet
1873.D.75.1.39 17 fév. 1874.D.74.1.302.)

Bien entendu, la question de responsabilité ne se
pose que si la Compagnie transporte pour son
compte. Ainsi, elle n'est pas responsable de la perte
d'objets, dont l'autorité militaire se serait chargée,
hors son contrôle et sa surveillance. (Dijon, 16 janv.
1873.S.73.2.35.)

La guerre dégage donc le transporteur de sa responsabilité contractuelle dans tous événements en
dérivant, présentant les caractères de la force
majeure, (ce qui est une question de fait, remise à
l'interprétation des tribunaux), et s'il n'y a pas de
faute à relever à l'encontre du transporteur, faute
ayant déterminé ou maintenu l'obstacle à l'exécution.

On peut vraiment dire qu'il y a une présomption de faute à l'encontre du voiturier, puisque ce dernier devra prouver le cas de force majeure pour établir qu'il n'existe aucune faute à lui imputable.

Ainsi, la perte, l'avarie ou le retard devront être réparés, en cas de guerre, s'il y a eu négligence de la part des employés du transporteur. (Cass. 30 janvier 1872.D.72.1.245. — 24 avril 1872.D.72.1.448.)

Mais la Compagnie de chemins de fer n'est obligée ni d'avertir les expéditeurs de l'approche de l'ennemi, ni de prouver les efforts qu'elle a faits pour la conservation de la marchandise, (Cass., 21 juillet 1873.D.75.1.39), et le fait d'accepter un transport, malgré la menace ennemie, n'est pas une faute qui rende la Compagnie responsable de la force majeure constituée par l'envahissement ennemi. (Cass. 17 fév. 1874.D.74.1.302), si, en présence de cette menace et au moment où elle devenait dangereuse, les préposés de la Compagnie ont tout fait pour conserver les objets ou colis en les évacuant sur l'intérieur dans la mesure possible.

Il y a force majeure dans le cas où l'intendance militaire réquisitionne les objets transportés ; on ne peut se soustraire aux réquisitions faites dans les formes légales. (Cass. 15 avril 1873.D.73.1.262.) Mais si la réquisition est faite par l'ennemi, le voiturier serait ou non dégagé de responsabilité, suivant qu'il est ou non coupable de faute antérieurement à la réquisition ; en ce cas, il ne faut pas favoriser cette réquisition, au contraire.

Il y a faute et non cas de force majeure dans le fait de prendre des engagements trop considérables, (Cass. 26 janv. 1874.D.75.1.172) ou dans le fait de manquer de personnel, (Grenoble 3 juillet 1863. D. 64.5.58). Ce sont là des défauts de prévoyance ou des manques d'organisation.

En résumé, la guerre dégagera le transporteur de ses obligations, lorsqu'elle constituera un obstacle externe de force majeure et que l'on ne pourra relever aucune faute à la charge du voiturier. Ceci établi, le transporteur ne devra aucuns dommages-intérêts pour la perte, l'avarie ou le retard.

C'est l'application des principes de droit commun.

*
* *

*Influence de la guerre sur les obligations de l'expéditeur et du destinataire.*

La guerre, exonérant le transporteur de sa responsabilité contractuelle en ce qui concerne l'inexécution ou l'exécution incomplète des obligations, a, par contre-coup, une influence sur les obligations de l'expéditeur ou du destinataire. L'un de ces derniers doit payer le prix du transport. Si le transport n'a pas été effectué ou a eu une influence dommageable sur la marchandise, le prix doit-il être acquitté et dans quelles proportions ? D'autre part, le transport a pu devenir plus onéreux pour le voiturier, par suite de la force majeure ; doit-on un supplément de frais ? Double hypothèse et double question que nous allons résoudre en partant toujours de cette idée acquise de l'irresponsabilité du voiturier qui a été dans l'impossibilité de remplir intégralement ses engagements et qui de ce fait est dispensé de dommages-intérêts.

Doit-on le prix du transport ?

Il convient de faire des distinctions : les marchandises ne sont pas parties, les marchandises sont arrivées en retard, mais à destination, ou sont arrivées détériorées, enfin, sont perdues.

Les marchandises ne sont pas parties. C'est l'hypothèse première. Le matériel est réquisitionné, par exemple. Le transporteur n'a droit à aucun salaire.

Si la marchandise a été expédiée et si le voyage est interrompu du fait de la guerre, doit-on une fraction proportionnelle du prix ? Je ne le pense pas. Le voiturier a entrepris une opération déterminée, qui n'a son utilité que si elle est achevée. Le transporteur ne pourrait, dans ce cas, exiger une part proportionnelle, qu'en prouvant que le fait d'avoir transporté la marchandise à l'endroit actuel constitue pour celle-ci une plus-value ; par exemple, si le destinataire peut l'utiliser là où elle a été arrêtée, ayant à cet endroit des clients ou des établissements industriels. C'est l'application de la règle de droit. « Nul ne peut s'enrichir au détriment d'autrui. »

Que décider dans le cas où les marchandises sont arrivées en retard ?

Il n'est pas douteux que le prix du transport est dû. Le voiturier a accompli son obligation. S'il n'a pu aller plus vite, c'est en raison d'un fait indépendant de lui.

Il en sera ainsi toutes les fois que la chose confiée sera arrivée à destination ; peu importe son état, pourvu qu'elle parvienne.

Donc, si les marchandises ont été simplement détériorées par cas de force majeure, le destinataire, qui les reçoit, en doit le prix de transport puisque le préjudice n'est pas imputable au voiturier qui a exécuté complètement son engagement de transporter.

L'hypothèse la plus délicate et qui a soulevé diverses discussions est celle de la perte totale ou partielle de l'objet. Il n'y a pas de disposition for-

melle sur ce sujet. On peut pourtant arriver à des
solutions certaines en ne perdant pas de vue la cause
du contrat et en raisonnant par analogie avec certains textes.

Si la chose est périe complètement, le salaire
n'est pas dû. En effet, le voiturier n'a pas accompli
utilement son obligation. Il n'y a pas à considérer
si la chose est périe au début ou en fin de parcours.
Les risques se partagent. Le propriétaire de la
chose en supporte la perte et le voiturier ne sera
pas payé.

Si la perte n'est que partielle, on ne devra le
prix du transport que proportionnellement à la partie sauvée.

On peut appuyer ces affirmations, en raisonnant
par analogie sur des dispositions de loi écrites. L'article 1790 du Code civil fait, en effet, supporter par
l'ouvrier l'accident survenu à la chose qui lui a été
remise et à laquelle il a travaillé, en ne lui accor-
dant droit à aucun salaire lorsque la perte survient
avant la réception de l'objet.

Le droit maritime fournit encore un argument
décisif : le fret n'est pas dû en cas de perte des marchandises chargées à bord d'un navire, le chargeur
perd ses marchandises, le capitaine perd son fret.
(Art. 302 C. com.)

Nous avons, dans l'examen de ces différentes
hypothèses, raisonné sur le cas du transport de
marchandises. Il en est absolument de même du
transport de voyageurs. Le prix sera dû toutes les fois
que le voyageur parviendra à destination, même s'il
arrive blessé par suite d'un accident fortuit. Le prix
ne serait pas exigible, au contraire, s'il était tué.
Si la mort en cours de route était naturelle, il fau-

drait assimiler ce cas au vice propre de la chose : le transporteur pourrait réclamer une rémunération proportionnelle au parcours effectué utilement.

La force majeure peut encore avoir d'autres conséquences sur les obligations du destinataire ou de l'expéditeur ; la guerre a pu nécessiter le choix d'un itinéraire plus long, par exemple, pour passer hors des atteintes de l'ennemi ; ou encore elle a pu entraîner des frais supplémentaires de manutention ou de magasinage. Qui supportera ces excédents de frais ?

Ce sont des accessoires du prix : celui qui devra acquitter le prix, devra les frais supplémentaires, que le voiturier aura faits pour la conservation ou le transport utile de la chose.

La jurisprudence est en ce sens.

Si par suite d'un cas de force majeure (interruption de la voie dans l'espèce) les marchandises ont dû faire un détour, le propriétaire n'est pas fondé à exiger l'application du tarif afférent au trajet direct. (Cass. 5 mai 1874.D.76.1.249.250.)

De même, l'expéditeur doit les frais de magasinage suivant les tarifs de la Compagnies, s'il a été averti sans retard du dépôt de ses marchandises dans les gares sur lesquelles elles ont été évacuées. (Lyon, 11 janv. 1872.D.75.1.15.16.)

La Compagnie de transports qui, pour soustraire à l'ennemi des colis, a dû les faire diriger sur la partie libre du réseau est fondée à réclamer le remboursement des frais extraordinaires de transport et de magasinage qu'elle a avancés pour la conservation de la chose. (Nantes, 26 juillet 1871.D.73.3.40.)

C'est l'application de l'intention des parties dans le contrat de transport : l'expéditeur ou le destina-

taire devra acquitter le montant du salaire prévu
et des frais supplémentaires, toutes les fois qu'ils
correspondront à un transport utile ou aux efforts
nécessités pour la conservation de la chose. Le voiturier n'a traité qu'en vue de la rémunération de ses
obligations.

*
* *

*Preuve de la force majeure.*

L'article 97 du Code de commerce indique comment le voiturier doit prouver la force majeure en
cas de retard. Il devra faire constater légalement le
retard. Quant aux cas de force majeure, causant la
perte ou l'avarie, le Code de commerce n'exige aucun mode spécial de preuve. Le voiturier sera prudent en faisant constater les cas de force majeure
qui doivent mettre à l'abri sa responsabilité. En
dehors de cette précaution, il peut faire sa preuve
par tous les moyens possibles et recourir à la
preuve testimoniale. (Cass., 23 août 1858.S.1860.1.
984. — Aubry et Rau. T. IV § 373 et note 13. —
Laurent. T. XXV, n° 526. — Guillouard, t. II, n°
753.) Si l'accident a une cause inconnue, il suffit au
voiturier de prouver qu'il n'y a pas de faute de sa
part. (Rouen, 17 nov. 1859.D.60.2.208.)

*
* *

*Influence de la faute de l'expéditeur et du vice pro-
pre sur la responsabilité du transporteur.*

Il est impossible de ne pas dire un mot de cette
question, si souvent soulevée dans les procès en
responsabilité des contrats de transport. Surtout
que le voiturier aura souvent plus de facilités pour

établir la perte due au vice propre de la marchandise ou à la faute de l'expéditeur, que pour établir le fait de force majeure. Aussi le moyen est-il utilisé dans les débats de ce genre. Comme la force majeure, le vice propre ou la faute de l'expéditeur exonère le transporteur de toute responsabilité.

Il y a faute de l'expéditeur par exemple lorsque la perte et l'avarie proviennent d'une négligence de sa part, comme un emballage défectueux ou une expédition de bouteilles mal bouchées.

Il y a vice propre lorsque les marchandises se détériorent par suite d'un défaut provenant de leur nature : tels des liquides qui coulent des graines qui s'échauffent.

Dans les deux cas, il est certain que le dommage ne peut être supporté par le voiturier qui est tout à fait étranger à ces faits. C'est au propriétaire de la chose à subir ces conséquences et le voiturier qui opposera cette preuve sera exonéré de toute responsabilité.

La jurisprudence consacre ce principe. C'est ainsi qu'elle décide que le coulage d'un liquide, par suite du mauvais état des fûts est à la charge de l'expéditeur. (Cass. 25 août 1875.D.76.1.390. — 10 déc. 1878.D.80.5.54.) De même au cas de denrées de mauvaise qualité, qui se corrompent en route ; ou si un emballage défectueux occasionne des manquants. (Cass. 11 déc. 1876.S.78.1.451. — 5 juin 1878.S.79. 1.451. — 17 mai 1882.D.83.1.14.)

Les défectuosités de l'emballage ne doivent pas être apparentes, sinon, il y a faute commune et la responsabilité doit être partagée. Le voiturier ne peut refuser un colis mal emballé quand il y a monopole du transport ; il ne peut que faire des réserves.

S'il y a concurrence, le voiturier est libre de faire
des transports pour qui bon lui semble et aux conditions qu'il lui plaît. En cas de monopole au contraire, il n'a pas le droit de choisir ses clients. Il
doit accepter les colis de tous expéditeurs et ce
aux conditions prescrites par l'acte de concession
ou les tarifs qui y sont annexés. Des conditions spéciales d'emballage sont prescrites pour les marchandises classées comme dangereuses. Pour les autres,
l'expéditeur est libre de faire voyager à ses risques
et périls. Le voiturier constate l'emballage défectueux. La Cour de cassation a jugé en ce sens pour
une expédition de nitrate de soude. Ce sel n'étant
pas classé comme matière dangereuse, l'expéditeur
pouvait l'emballer comme bon lui convenait, sauf
suppression ou diminution de la responsabilité du
voiturier. (Cass. 6 déc. 1876.S.77.1.275.)

De toute cette étude il ressort que si le transporteur a trois sources possibles de responsabilité, le
retard, l'avarie et la perte, il peut s'exonérer en
prouvant la force majeure, le vice propre de la marchandise ou la faute de l'expéditeur. Il n'y a là que
l'application des principes du droit commun, surtout
en ce qui touche la force majeure. Cette dernière ne
dispensera des dommages-intérêts que lorsqu'elle
constituera un événement externe et insurmontable à
l'accomplissement de l'obligation, et un obstacle
étranger à toute idée de faute.

Nous avons vu comment la force majeure peut
étendre les obligations de l'expéditeur ou du destinataire de la marchandise.

Il n'y aurait rien à ajouter de plus à cette matière dans laquelle les principes très courants du

droit n'auraient qu'à jouer, si une législation de circonstance n'était pas intervenue à propos des Compagnies de chemins de fer. C'est cette législation que nous allons examiner et nous verrons, à cette occasion, quelles applications la jurisprudence moderne a eu l'occasion de faire des règles du contrat de transport.

# CHAPITRE II

### Régime des Compagnies de chemin de fer en temps de guerre.

La situation des Compagnies des chemins de fer pendant la guerre était un problème trop important pour qu'il ne fut pas abordé et réglé en temps de paix. Il y avait à résoudre la question de primordialité des intérêts de la défense nationale. Au moment d'une guerre, l'utilisation des grandes artères doit être pleinement réservée aux mouvements stratégiques et le sacrifice des transports commerciaux devient nécessaire.

Le rôle du législateur est de prévoir cet état de choses, de rendre applicable l'usage exclusif des voies ferrées par l'autorité militaire, en sauvegardant la vie économique du pays et en bouleversant le moins possible les rapports contractuels. C'est ce qui a été fait pour cette guerre et la réglementation des chemins de fer a été une œuvre de longue prévision qui a ménagé le plus possible les transports commerciaux.

Les articles 22 à 27 de la loi du 13 mars 1875 ont été modifiés par l'article unique de la loi du 28 décembre 1888. Les articles 22 et 23 nouveaux disposent ainsi :

« Art. 22. — En temps de guerre, le service des chemins de fer relève tout entier de l'autorité militaire. »

« Art. 23. — Le Ministre de la guerre dispose des chemins de fer dans toute l'étendue du territoire national non occupé par les armées d'opération. Le commandant en chef de chaque groupe d'armées ou armée opérant isolément dispose des chemins de fer, dans la partie du territoire assigné à ses opérations... »

D'autre part, la loi du 3 juillet 1877 relative aux réquisitions militaires consacre le titre VI. (Art. 29 à 34) aux réquisitions relatives aux chemins de fer. Les articles 29 et 33 portent au paragraphe 1ᵉʳ : « Art. 29 : Dans les cas prévus par l'article Iᵉʳ de la loi, les Compagnies de chemins de fer sont tenues de mettre à la disposition du Ministre de la guerre toutes les ressources en personnel et en matériel qu'il juge nécessaires pour assurer les transports militaires. »

« Art. 33. — En temps de guerre, les transports commerciaux cessent de plein droit sur les lignes ferrées situées au delà de la station de transition fixée sur la base d'opérations... »

Enfin, un décret du 8 décembre 1913 rendu au vu des lois précitées des 3 juillet 1877 et 28 décembre 1888 a mis en vigueur un règlement sur les transports stratégiques par chemins de fer, règlement qui comprend 77 articles et dont le chapitre II (articles 13 à 19) fixe les règles d'exécution des transports.

A la date du 31 juillet 1914, les ministres de la guerre et des travaux publics ont pris l'arrêté suivant. (Annales des chemins de fer et des tramways 1915 1.140 *in medio*. Bulletin annoté des chemins de fer en exploitation 1915.1.42.) : « Vu les articles 1 à 29 de la loi du 3 juillet 1877 sur les réquisitions militaires :

Art. 1ᵉʳ. — Les Compagnies de chemins de fer sont tenues de mettre immédiatement à la disposition du gouvernement les moyens de transport néces-

saires pour assurer les mouvements de troupe or-
donnés par le Ministre de la guerre.

Art. 2. — Les transports commerciaux sont, jusqu'à nouvel ordre, suspendus en totalité ou en partie, selon les besoins militaires à satisfaire, tant
pour les voyageurs que pour les marchandises à
grande et petite vitesse. Les trains en cours de
route seront, s'il est nécessaire, arrêtés et garés ou
déchargés. En conséquence, les compagnies interes-
sées sont exonérées de toute responsabilité en cas
de retard dans le transport des voyageurs, dans la
réception, le transport et la livraison des marchandises. »

Enfin, un arrêté du ministre de la guerre du
2 août 1914 déclare que la totalité des moyens de
transport de tous les réseaux de chemins de fer est
affectée aux besoins militaires et que les transports
commerciaux sont suspendus jusqu'à nouvel ordre,
tant pour les voyageurs que pour les marchandises
à grande ou à petite vitesse. (Art. 1 et 2.)

Cette première période est caractérisée par l'arrêt plus ou moins absolu des transports commerciaux. Si absolue que puisse paraître, d'après les
textes que nous venons de citer, la mainmise de
l'autorité militaire sur les chemins de fer, matériel
et personnel, elle n'entraîne pas une sorte d'annihi-
lation des compagnies, une substitution complète de
l'autorité militaire.

Les Compagnies conservent leur qualité de sociétés commerciales chargées des transports commerciaux, marchandises ou voyageurs. Ce sont elles
qui concluent les contrats, qui profitent des bénéfi-

ces, supportent les pertes ; à elles appartiennent et incombent la surveillance et la direction.

Seulement, elles sont pour l'exécution de ces transports plus ou moins paralysées, entravées dans leur action par l'autorité militaire. Leur responsabilité, quant aux délais, pertes, avaries, subsiste conformément au droit commun, dans la mesure ou les transports ont été possibles.

La jurisprudence a toujours statué en ce sens.

(V. Dalloz 1916.2.49 : Montpellier, 15 juillet 1915. — Chambéry, 26 juillet 1915. — Trib. civ. Seine, 20 déc. 1915 et 4 janv. 1916. — Montpellier, 23 déc. 1915. — Dunkerque, 27 janv. 1916. — Grenoble, 8 mars 1916.)

Les Compagnies sont valablement assignées devant les tribunaux ordinaires : ce n'est point contre l'Etat que les actions doivent être dirigées.

Les Compagnies avaient soutenu que, s'agissant d'interpréter des actes administratifs comme des décisions de commissions de réseau, les tribunaux commerciaux étaient incompétents. (Trib. com. Amiens, 19 oct. 1915. La Loi, 27 nov. 1915.)

Cette thèse n'a pas été admise.

Si, l'autorité militaire a, pendant la guerre, la haute main sur tous les transports de voie ferrée et si elle a la faculté de suspendre et d'interrompre les transports privés, il ne résulte d'aucun texte législatif qu'elle a reçu délégation d'abroger, même pour un temps, les lois qui régissent les citoyens français. (Seine : 28 mars 1915. Gaz. des trib. 8 juillet 1915. — Lyon, 7 mai 1915. Gaz. comm. Lyon, 31 mai 1915. — Avignon, 16 avril 1915. Gaz. des trib. 8 juillet 1915. — Lyon, 2 juillet 1915. Gaz. comm. Lyon, 6 sept. 1915.)

En effet aucune loi n'a modifié les règles de compétence. Et dans les limites des arrêtés du ministre de la guerre, les transports des marchandises, lorsqu'ils ont été autorisés, ont été opérés, sous réserve des règles posées par les arrêtés, dans les mêmes conditions qu'avant la guerre et par les agents des compagnies qui en sont assuré la bonne exécution, en ont perçu le prix. D'ailleurs, l'autorité militaire n'intervient jamais, même par procuration, dans les contrats de transport.

Mais en fait, l'état de guerre sera le plus souvent même, à partir de la réquisition des moyens de transport, ou de la mobilisation, mesures préalables à l'état de guerre, un cas de force majeure.

Toutefois, il n'y a pas relation nécessaire entre la force majeure et la guerre. La force majeure constituant impossibilité d'exécution, dépend de circonstances infiniment variables et doit être examinée, dans chaque espèce, eu égard aux faits de la cause. C'est ainsi, que la responsabilité peut demeurer entière ou être seulement atténuée, pour des transports à effectuer sur certains parcours dans des conditions normales, la Compagnie ayant à sa disposition un matériel et un personnel suffisants.

De même encore, les Compagnies, conservant leur qualité d'entreprises de transport, demeurant soumises à la législation relative aux accidents du travail, en ce qui concerne les agents restés à leur service pendant la gurre. (Trib. civ. de la Seine, 20 déc. 1915. Trib. civ. de Dunkerque, 27 janv. 1916.D.1916.2.49.)

Suspendus dès la suppression du service normal, les transports commerciaux ne pouvaient reprendre qu'en vertu d'une autorisation du Ministre de la guerre conformément à l'article 19 du règlement sur les transports stratégiques (décret du 8 décembre 1913) ainsi conçu : - § 1 : Les trains désignés sous la rubrique trains de service journalier ou trains-poste sur les livrets ou graphiques spéciaux mili-taires, ou **sur les ordres de service** des compagnies, établis pour le temps de guerre, peuvent être utilisés dès le début de la mobilisation pour les transports commerciaux dans les conditions fixées par le ministre. — § 2 : En outre, sur la proposition des commissions de réseaux, le ministre autorise, lorsqu'il le juge utile, la reprise partielle ou complète des transports commerciaux pour les voyageurs et les marchandises. Les ordres de service établis par les commissions de réseaux sont soumis à son approbation. — § 3 : Lorsque, pour un réseau, cette reprise ne doit être que partielle, le Ministre fixe les lignes et, s'il y a lieu, les gares ouvertes aux transports commerciaux, le nombre maximum des trains qui pourront être affectés à ce service, enfin le matériel qui pourra être utilisé. »

La concentration des troupes terminée, le ministre de la guerre, conformément aux textes précités, rendit possible la reprise des transports commerciaux.

C'est la deuxième période qui commence.

Par une dépêche adressée le 18 août 1914, aux préfets. (Bulletin annoté des chemins de fer en exploitation 1916.1.16.17) il fut indiqué que, à partir du 19e jour de la mobilisation, c'est-à-dire du 20 août, des marches spéciales de trains commerciaux se-raient organisées sur les différents réseaux et que ces trains seraient portés à la connaissance du public, par les gares.

En conséquence, des affiches contresignées par un représentant de la Compagnie intéressée et un représentant du Ministre de la guerre, apposées dans les gares et divers lieux publics, firent connaître la date de la mise en marche des trains, leur direction et en général les conditions de fait dans lesquelles fonctionnerait le service des trains commerciaux.

Les Compagnies qui ont toujours été portées à concevoir restrictivement leur responsabilité profitèrent de la circonstance pour faire apposer sur ces affiches cette mention :

« Les transports sont faits aux prix ordinaires, concevoir leur responsabiblité restrictivement profitèrent de la circonstance pour faire apposer sur ces affiches cette mention :

Nous allons voir que cette clause n'a pas réussi à changer les conditions de la responsabilité de droit commun qui n'avait cessé de régner pendant la période précédente dans la limite où les transports commerciaux avaient pu être faits.

D'après les termes de la loi du 17 mars 1905 (art. 103 C. comm., alinéa 3), concernant le transport des marchandises et pour les transports de personnes d'après le principe d'ordre public que nul ne peut s'exonérer d'une faute constituant un délit, l'illégalité de cette stipulation est certaine en ce qui concerne les pertes, les avaries aux marchandises, les accidents aux voyageurs. Il faudrait qu'un texte de loi spécial ait conféré au Ministre de la Guerre le droit d'imposer cette irresponsabilité. Or, il n'existe dans les textes, en vertu desquels le Ministre a pu prendre des mesures de circonstances, rien qui puisse permettre une dérogation au droit commun. Il serait étrange que le Ministre de la guerre fut investi par un règlement d'ordre purement militaire, à l'élaboration duquel le

11

Ministre des Travaux Publics n'a pas participé, du droit de s'immiscer dans le domaine de l'exploitation commerciale des Compagnies pour imposer des prescriptions qui, étrangères à la Défense nationale, n'intéressent que les Compagnies et les tiers.

Donc, malgré la clause de non responsabilité, la responsabilité des Compagnies demeura celle du droit commun d'après laquelle le voiturier répond du retard, de la perte ou de l'avarie, à moins d'établir la force majeure, le vice propre de la chose ou la faute de l'expéditeur. (C. com. Art. 103).

La jurisprudence ne s'est pas laissée influencer par la clause des Compagnies. (V. D. 1916.2.49 : Montpellier, 23 déc. 1915. Grenoble 8 mars 1916 (deux arrêts). Voici les termes de l'arrêt de la Cour de Grenoble : « Attendu en ce qu concerne la décision de la Commission du réseau du 22 août, annonçant la reprise partielle des transports commerciaux et contenant nomenclature des marchandises qui seront acceptées, qu'on y lit cette réserve dont argue la Compagnie. « Ces différents transports sont faits aux prix ordinaires, mais sans responsabilité, ni garantie d'aucune sorte en raison des conditions actuelles de l'exploitation des voies ferrées ». Mais qu'une telle clause est la négation pure et simple du principe que la garantie est de l'essence même du contrat de transport, comme la violation flagrante des articles 1315 et 1784 du Code civil et 98 et 103 du Code de commerce ».

Dans le même sens il a été jugé, malgré cette clause de non responsabilité par un jugement du Tribunal de Commerce d'Amiens du 19 octobre 1915 (Mon. Huis. 1915. 577) et un autre du même Tribunal du 14 décembre 1915 : « Attendu que le cas de force majeure est écarté et que l'on ne peut admettre qu'une expédition d'Amiens à Rouen puisse subir un retard de trois mois et demi comme celui qui est reproché en l'occurrence, il est hors de doute, eu égard au préjudice éprouvé et dûment justifié, que des dommages intérêts soient alloués à celui qui en est la victime ».

*
* *

L'illégalité de la mention portée aux affiches « *sans responsabilité ni garantie d'aucune sorte* » était si flagrante qu'intervint l'arrêté du 1er novembre 1914. (D. 1915.4.32) pris en vertu du décret du 29 octobre 1914.

Cet arrêté, régulier en la forme et pris dans les limites des pouvoirs conférés au ministre de la Guerre, restreint la responsabilité des Compagnies au cas de faute lourde.

C'est la première disposition positive qui aborde la question de la responsabilité du transporteur pendant la guerre.

Cet arrêté met la preuve de la faute lourde à la charge de l'adversaire de la Compagnie et réserve à celle-ci le droit d'établir que la faute lourde a sa cause dans la guerre.

C'est une dérogation exorbitante du droit commun qui a été créée par cet arrêté, dérogation au point de vue de la limitation de la responsabilité et au point de vue de la preuve de la faute ; la présomption de faute du voiturier n'existant plus.

C'est donc au réclamant à établir la faute lourde de la Compagnie. En ce sens la jurisprudence a interprété l'arrêté restrictif du 1er novembre 1914. (Cour de Nimes, 22 juillet 1915. Cour de Pau, 18 octobre 1915. Cour de Montpellier, 16 décembre 1915 et 23 décembre 1915. Trib. civ. de Dunkerque, 27 janvier 1916. V. Dalloz 1916.2.4z). Voir contra

Trib. Com. de la Seine 11 janvier 1916. Dalloz 1916. 2.49.

Sous le régime de l'arrêté du 1er novembre 1914 l'appréciation de la faute lourde est laissée aux juges du fait.

Il a été ainsi jugé que : lorsque la Compagnie a employé une bâche perméable et percée, insuffisante pour protéger une marchandise, particulièrement susceptible d'être détériorée par la pluie en cours de route, à l'époque où elle a été expédiée, il y a faute lourde engageant la responsabilité du transporteur. (Agen, 20 juillet 1915. D. 1916.2.49).

De même, il y a faute lourde lorsque, le cadre étant bien conditionné et l'emballage conforme aux usages du commerce, la casse de poteries n'a pu se produire que par des chocs violents pendant la manutention du cadre ou par les tamponnements des vagons en cours de route. (Agen, 28 juillet 1915. D. 1916.2.49) et lorsque ces poteries, exposées aux intempéries et à la pluie pendant deux mois ont été tachées et avariées par l'humidité la mouillure du cadre et un contact prolongé avec une paille pourrie. (idem Agen).

Mais, par contre, il n'y a pas faute lourde, lorsque, sur une expédition de 27 fûts de vin, deux seulement étant avariés, l'avarie n'a pas eu pour cause une imprudence grave ou une maladresse susceptible de caractériser la faute lourde ; il ne suffit pas d'alléguer un choc violent et d'émettre des hypothèses quant à l'origine de ce choc. (Pau, 18 octobre 1915. D. 1916.2.49).

Il n'y aura pas faute lourde imputable à la Compagnie, en cas de mort au cours de route d'un cheval de peu de valeur, destiné à la boucherie, très fatigué de ses membres, atteint d'un javart à la jambe alors que le vagon était en très bon état, et ne portait aucune trace pouvant faire supposer qu'il avait reçu un choc violent. (Montpelier, 4 nov. 1915. D. 1916.2.49).

Même solution, si la faute n'a pu consister, en cas de perte de la marchandise, même volumineuse et formant le chargement d'un wagon complet, qu'en une erreur dans l'acheminement du wagon, qui aurait été dirigé sur une ligne d'où il n'aurait pu être retourné, cette erreur ayant pour clause l'encombrement des voies ferrées de tous les réseaux, les exigences des transports militaires, le travail excessif incombant au personnel. (Montpelier, 16 déc. 1915. 16.2.49).

De même encore, si, bien que l'avarie provienne d'un choc violent et anormal, ce choc est dû à l'encombrement des voies ferrées, à la perturbation des services, aux exigences des transports de troupes, au travail excessif incombant à tous les agents et aux manœuvres sans nombre occasionnées par la nécessité de garer sans cesse les trains commerciaux pour laisser passer les trains militaires. (Montpellier, 23 décembre 1915. D. 16.2.49).

En résumé, la faute lourde de la Compagnie doit être établie par le réclamant et elle sera appréciée selon les circonstances, le transporteur pouvant toujours prouver que le dommage a sa source dans l'état de guerre.

*<br>* *

Ce régime de responsabilité limitée a pris fin le 20 octobre 1915 en vertu de l'arrêté ministériel du 9 octobre 1915. (Dalloz 1915.4.202). Son application avait du reste été très restreinte par l'arrêté du 31 mars 1915 art. 9 (Dalloz 1915.4.139) qui constitue actuellement le droit commun en ce qui concerne la responsabilité des Compagnies de chemins de fer, quant aux délais de transport, aux pertes et avaries.

L'arrêté du 31 mars 1915 paraît avoir, au moins en principe, consacré le retour au régime normal. Des dispositions des articles 3, 4, 5 il résulte que pour les transports non assurés, la responsabilité des chemins de fer ne s'étend pas :

1° Aux pertes et avaries lorsque le chemin de fer établit qu'elles sont la conséquence de l'état de guerre.

2° Aux avaries et déchets, qui, en raison de la nature de la marchandise sont la conséquence de la durée du transport, pourvu que la marchandise ait été livrée dans les délais fixés par l'article 2.

3° Aux retards purs et simples, lorsque le chemin de fer établbit qu'ils sont dus à des difficultés de circulation ou de livraison résultant de la guerre.

En outre, pour les colis livrables à domicile, les Compagnies peuvent se dégager de la responsabilité d'un retard dans le camionnage, en avisant le destinataire de l'arrivée des colis en gare et de l'impossibilité de les livrer à domicile dans les délais fixés à l'article 2. En ce qui concerne les voyageurs et les bagages, la responsabilité de la Compagnie ne s'étend pas aux retards, dus uniquement aux correspondances manquées.

L'arrêté du 31 mars 1915 donne aux expéditeurs la faculté de s'assurer, moyennant une prime, contre les risques de perte et d'avarie. (Art. 6).

Par l'assurance de la valeur de la marchandise, l'effet produit est de faire disparaître le régime de responsabilité limitée, édictée par le 1° de l'article 4 de l'arrêté, c'est-à-dire d'empêcher que les Compagnies puissent décliner leur responsabilité en rattachant à l'état de guerre la cause des pertes ou avaries constatées.

En aucun cas, l'indemnité ne peut dépasser le montant de la valeur déclarée.

Pour les transports ainsi assurés et pour le cas de perte ou d'avarie, même si cette avarie est due à un retard, la Compagnie reste responsable dans les termes du droit commun. Par suite, l'assurance ne couvre pas la perte ou l'avarie due au vice propre de la chose ou à un cas de force majeure.

En ce qui concerne les retards proprements dits, l'assurance n'a pas pour effet de faire disparaître l'exonération de responsabilité, qui peut être invoquée en vertu du dernier alinéa de l'article 3 du décret, lorsque le retard est dû à des difficultés de circulation résultant de l'état de guerre.

En résumé, les Compagnies, en assurant, prennent à leur charge tous les dommages résultant de leur fait, faute, mais ne répondent toujours pas de ceux qui résultent de la guerre et de la force majeure.

L'arrêté du 31 mars 1915 nécessite quelques observations et mérite quelques critiques.

La responsabilité des Compagnies est donc à nouveau celle du droit commun en ce qui concerne les pertes et les avaries. Mais il ne faut pas perdre de vue que les Compagnies peuvent invoquer l'état de guerre. Or, l'état de guerre ne se confond pas ici avec la force majeure. La preuve en est que l'article 6 de l'arrêté, article relatif à l'assurance, porte que, moyennant le paiement de la prime, les administrations des chemins de fer renonceront à se prévaloir, hors le cas de force majeure, dans les termes du droit commun, de l'exonération prévue par le § 1er de l'article 4, c'est-à dire de l'état de guerre. Donc, l'état de guerre, motif d'exonération pour les Compagnies, est autre chose que le cas de force majeure du droit commun.

Quel est donc le but poursuivi par l'arrêté ? C'est de permettre aux compagnies de s'exonérer en invoquant des motifs moins graves que la force majeure. Suffira-t-il que les Compagnies expliquent que les pertes ou avaries se sont produites par suite d'une faute « conséquence de l'état guerre » pour que leur responsabilité soit dégagée ? On peut le croire, puisqu'il ne peut s'agir des conséquences inéluctables de l'état de guerre

Quelle est donc l'amélioration apportée par la revision de l'arrêté du 1<sup>er</sup> novembre 1914 ? S'il suffit d'établir que l'exonération est une conséquence d'un événement quelconque provenant de l'état de guerre, il y a là une brêche par laquelle le principe d'irresponsabilité n'aura pas de peine à s'introduire.

De plus, remarquons que l'arrêté du 31 mars est moins favorable que celui du 1<sup>er</sup> novembre, en ce qui concerne la réparation du préjudice.

L'arrêté du 31 mars limite la réparation, en cas de perte totale ou partielle, à la valeur au lieu et jour de l'expédition de la marchandise perdue. En cas d'avarie le montant de la dépréciation subie est calculé d'après cette valeur. Quant à l'indemnité pour retard, elle ne peut dépasser celle qui serait allouée pour perte totale, en tenant compte, s'il y a lieu, des assurances contractées pour la valeur et pour l'intérêt à la livraison dans les délais.

L'arrêté du 1<sup>er</sup> novembre admettait la réparation intégrale.

Enfin, l'arrêté du 31 mars déroge aux règles du droit commercial en ce qui concerne les délais de réclamations.

Les réclamations devront être notifiées à l'administration des chemins de fer par acte extra-judiciaire ou par lettre recommandée dans un délai de trois jours, non compris les jours fériés.

Le délai court : 1° En cas de retard, avarie, perte partielle, de la livraison de la marchandise ; 2° en cas de perte totale, du 30° jour qui suit l'expiration des délais, l'intéressé étant en droit, à partir de ce jour, de considérer la non livraison comme équivalant à la perte totale.

Une pareille fixation des délais de réclamation. offre des dangers ; le destinataire n'étant pas forcément intéressé à l'indemnité peut ne pas formuler de réclamations dans le délai et rendre impossible à l'expéditeur, tout recours contre la Compagnie.

Cette législation de circonstance, relative aux Compagnies de chemin de fer, nous a donc donné l'occasion d'examiner les principes de la jurisprudence moderne sur la responsabilité du transporteur en temps de guerre. Ces principes sont restés l'application des règles classiques et on a vu à quel point les tribunaux en ont été les gardiens fidèles, puisqu'ils ont toujours poussé les essais tentés par les Compagnies, de modifier unilatéralement les conditions du contrat de transport.

# SIXIEME PARTIE

---

## Contrat  d'Assurance

Le contrat d'assurance offre ceci de particulier qu'il
prévoit presque toujours le fait de guerre. Les polices le mentionnent soit pour l'écarter, soit pour en
faire l'objet d'un accord spécial. Ce fait ne doit pas
nous étonner. En effet, le risque, que l'on cherche à
couvrir dans le contrat d'assurance, est garanti par le
paiement collectif des primes. Or, la prime est fixée
par des procédés mathématiques. Cette fixation ne
peut être faite pratiquement que si on table sur des
sinistres ou des accidents de périodes normales. Le
risque de guerre, étant un événement  intermittent,
peut difficilement être compris dans le calcul de la
prime. Il est plus facile d'en faire l'objet d'un contrat spécial, au moment voulu.

C'est pour cela, que les Compagnies d'assurances
ont prévu le fait de guerre dans leurs polices.

Il semble, que cette prévision doit supprimer toutes difficultés et que la responsabilité de l'assureur
jouera ou non, suivant que les faits de guerre auront
ou n'auront pas été envisagés dans le contrat.

Il n'en est pas ainsi et nous verrons que la guerre,
bien que prévue, soulèvera maintes difficultés d'application.

Il convient de diviser cette étude en deux parties :
la première visant les assurances terrestres, l'autre
les assurances de personnes.

# CHAPITRE I

## ASSURANCES TERRESTRES

*Irresponsabilité des faits de guerre.*

La pratique de l'assurance terrestre et de l'assurance contre l'incendie, qui en constitue le type, est devenue si générale que celui qui néglige d y avoir recours est considéré comme un mauvais administrateur. Elle a pour but de garantir des dommages matériels et des conséquences juridiques de ces dommages, tels que le risque locatif et le recours des voisins (art. 1732, 1734, 1382 à 1384. C. civ.).

Les Compagnies d'assurances se chargent, accessoirement aux risques d'incendie proprement dit, des dommages causés par la foudre, les appareils électriques et les explosions de gaz ou de chaudières à vapeur. Mais, elles ne garantissent pas toutes les pertes matérielles résultant de tout incendie ; ainsi, elles ne répondent point des incendies occasionnés par la guerre.

Il faut, à ce sujet, une clause spéciale d'exonération, car si les contractants ne s'expliquaient pas, l'assureur serait tenu puisque ces incendies sont des événements fortuits. (V. Persil. Ass. terrest. n° 26. Alauzet. id. II p. 333. Besançon, 28 juillet 1871. Journal des Assurances 1871 p. 261).

Au cas où les risques de guerre sont compris dans le contrat par suite d'un défaut d'exclusion, l'assuré pourtant est astreint à certaines déclarations avant de signer la police. Il doit signaler les faits qui seraient de nature à faciliter la destruction en cas de guerre de l'immeuble assuré : par exemple révéler cette circonstance qu'il est situé sur un terrain compris dans une zone militaire, ou près d'un passage stratégique exposé aux coups de l'ennemi. (V. Saint-Denis, 7 juin 1888. Moniteur des Assurances 1888. p. 657).

Presque toujours les parties prévoient le risque de guerre pour l'exclure. C'est l'objet d'une clause de style qui est devenue l'article 4 des polices françaises d'assurances contre l'incendie.

Cette clause est parfaitement licite : les parties font un contrat librement, elles peuvent en prévoir et en limiter la portée.

De plus, cette clause est nécessaire, la prime étant fixée par des procédés mathématiques et calculée sur une série de risques normaux. Le risque de guerre, événement intermittent, peut difficilement être compris dans le calcul de la prime. Il est plus pratique d'en faire l'objet d'un contrat spécial au moment voulu.

*<br>* *

Quel sens attacher à l'expression fait de guerre ? Il convient au début de cette étude, d'en bien préciser la signification, car, une foule de difficultés d'application contractuelle peut naître de la rédaction de la clause.

D'après un premier système, le fait de guerre consisterait essentiellement en un fait accidentel de force majeure, excluant de la part de l'autorité militaire toute libre détermination, fait s'imposant à elle avec autant de force qu'au particulier qui le subit. La spontanéité de l'acte et, en quelque sorte, sa fatalité seraient, d'après ce système, le caractère distinctif du fait de guerre. Une construction détruite par l'artillerie, un champ ravagé par une charge de cavalerie, un mur crénelé ou abattu, une tranchée creusée

sur le lieu du combat, tels sont les exemples cités à
l'appui de cette opinion.

D'après une deuxième opinion, on ne doit pas refuser *à priori* le caractère de fait de guerre aux actes
raisonnés et voulus de l'autorité militaire. Le fait
de guerre comprend indépendamment des cas de
force majeure, proprement dits, toutes les dispositions prises, toutes les mesures ordonnées par l'autorité militaire en vue des opérations stratégiques dont
elle a la direction, ces mesures ne fussent-elles que
de simples actes de prévoyance. La condition essentielle, exigée pour qu'il y ait fait de guerre, ce n'est
donc plus la spontanéité, la fatalité de l'acte, mais
sa relation plus ou moins directe avec les opérations
stratégiques en cours. Ce système a été consacré par
le Conseil d'Etat dans un arrêt fort important du 26
mars 1823.

Après la bataille de Vittoria (juin 1813), le maréchal Soult, comprenant qu'il ne pouvait défendre
longtemps la frontière contre Wellington, donna ordre de préparer sur ses derrières des camps retran-
chés et des fortifications de campagne, destinés à couvrir sa retraite. Ces travaux s'effectuèrent sur une
vaste étendue de territoire. Le génie utilisa tous les
cours d'eau, tous les accidents de terrain et lorsque
Wellington eut franchi la Bidassoa (octobre 1813) le
maréchal Soult se retrancha successivement derrière
ces ouvrages et y livra de nombreux combats qui re-
tardèrent la marche de l'ennemi. Wellington mit près
de six mois à forcer toutes ces positions et n'arriva
sous les murs de Toulouse qu'en avril 1814.

Le Conseil d'Etat eut alors à juger la question de
savoir si l'établissement de ces retranchements exécutés longtemps avant la lutte, répartis sur le territoire
de plusieurs départements et dont plusieurs n'avaient

pas été utilisés, constituait un fait de guerre et si les propriétaires étaient privés de tout recours contre l'Etat. Le Conseil d'Etat se prononça pour l'affirmative par arrêt du 26 mars 1823.

Ce système reconnaît donc le caractère de faits de guerre à des travaux de pure prévoyance, préparés à l'avance avec pleine réflexion, en dehors du théâtre actuel de la lutte, pourvu qu'ils se relient par un lien essentiel aux opérations stratégiques en cours.

Ce système paraît meilleur, mais, il convient de le restreindre un peu : de simples dispositions stratégiques peuvent constituer des faits de guerre, mais, à condition, qu'elles se produisent pendant la période d'action militaire, sur le théâtre de cette action et qu'elles aient avec elle un lien direct et immédiat et non des relations purement contingentes.

Il faut faire une part aux actes volontaires et prémédités auprès des actes imposés par la nécessité, mais, il faut que l'acte qualifié de fait de guerre, soit étroitement relié à la guerre. Ce dernier point est une question de fait, abandonné au juge.

Il convient surtout, de s'écarter du premier système. Ses partisans sont trop restrictifs dans l'interprétation du mot fait de guerre. Ils veulent y voir seulement le fait du combat, un détail de la lutte, la bataille qui n'est en somme qu'un incident aigu de la guerre, mais qui n'est pas toute la guerre. La période de l'action qui n'est pas le combat, comprend des marches, des manœuvres, des campements, le choix des positions, des travaux sur les lignes et des travaux à l'arrière, nécessaires pour les réserves, les parcs d'artillerie, les ambulances ; ce sont là des parties d'un même tout.

La doctrine qui ne voit le fait de guerre que dans l'acte fatal, l'agression brutale et qui croit être logi-

que parce qu'elle est absolue, cette doctrine sépare
arbitrairement les parties d'un même acte : elle admet le fait de guerre là où porte l'obus, là où
passe la colonne d'assaut, mais elle ne l'admet pas
là où cantonnent les hommes prêts à renforcer les
troupes de ligne, là où sont les réserves d'artillerie,
de munitions, qui permettent d'entretenir le feu et
l'action, comme si l'un était possible sans l'autre. La
nature des choses, la vraie signification des mots
semblent nous imposer cette interprétation du fait
de guerre, contraire au premier système.

Par conséquent, nous croyons qu'il faut admettre
que tout fait qui s'impose avec une nécessité immédiate de la lutte, volontaire ou non, constitue le fait
de guerre. On doit interpréter largement la signification du mot « immédiate ». Ainsi, sera fait de
guerre : la destruction de meubles pour les soustraire à l'ennemi. Le Conseil d'État a admis comme
fait de guerre, la destruction de maisons aux abords
d'une place, alors que l'ennemi était encore loin. De
même, priver l'ennemi des moyens de s'approvision-
ner est souvent une des opérations les plus importan-
tes et les plus utiles. Ainsi une décision du Conseil
d'Etat du 28 juin 1873 (D. 74.3.12) a-t-elle admis que
la destruction de bâtiments pour soustraire à l'ennemi des grains constitue un fait de guerre ; de même
la destruction de bois de chantier par l'autorité militaire, dans le même but. (Conseil d'état 1er mai 1874.
D. 74.3.46).

Tous ces faits se rattachent à l'action de guerre
et peu importe qu'ils aient été voulus ou imposés.
La recherche de l'étendue de l'expression fait de
guerre, a été faite en 1870 plutôt pour arriver à
déterminer dans quels cas l'Etat devait réparer les
dommages de la guerre, que pour interpréter les
contrats d'assurance.

*
* *

C'est à cette interprétation de l'expression, fait de guerre, que l'on doit se référer, pour interpréter la clause des polices d'assurances terrestres. Dans la limite que nous avons indiquée, les Compagnies seront exonérées de toute responsabilité en cas de sinistres déterminés par ce genre de risque.

La jurisprudence des assurances a ainsi compris le sens de cette expression.

Il a été jugé, que la clause d'une police d'assurances par laquelle une Compagnie déclare qu'elle ne répond pas des incendies occasionnés par guerre, invasion ou force militaire quelconque, n'exclut que les sinistres qui sont la conséquence d'un acte d'hostilité ou la suite des nécessités de la défense. (Besançon, 17 mai et 28 juin 1871. S. 71.2.65) ; que, cette clause doit s'entendre des seuls sinistres qui ont pour cause directe un fait matériel de guerre ou des actes volontaires ennemis dans une intention de nuire ou en vue d'opérations stratégiques, mais qu'elle ne peut être étendue aux incendies causés par une imprudence de l'ennemi. (Orléans, 31 décembre 1871. D. 73.1.97. — Metz, 5 déc. 1871 sous Cass. 16 juillet 1872. D. 73.1.97. — Metz, 13 mars 1872 sous Cass. 26 fév. 1873. D. 73.1.97). L'imprudence de l'ennemi, cause du sinistre, a cependant généralement été assimilée au fait de guerre. Ainsi, il a été jugé que l'assureur est exempt de responsabilité, non seulement par le fait de la lutte à main armée ou d'invasion violente, mais par le fait de la seule aggravation de risques résultant de la présence de l'ennemi installé en maître au domicile ou sur la propriété de l'assuré : en conséquence, il n'y a pas lieu de distinguer entre l'incendie volontairement allumé par l'ennemi et celui qui serait causé uniquement par imprudence. (Paris, 17 août 1872. D. 73.1.97). Des Compagnies ont été déclarées irresponsables

pour incendies allumés par négligence ou insou-
ciance des Allemands. (Rouen, 2 février 1872. D.
73.1.97. Besançon, 2 février 1872. D. 73.1.97. Voir
idem : Angers, 10 avril 1872 trois arrêts D. 73.1.97
et Paris, 26 juillet 1872, Dijon, 4 décembre 1872
ibidem.

Par contre, les Compagnies peuvent être déclarées
responsables malgré la clause d'exclusion du fait de
guerre.

La Cour de Cassation laisse le juge du fait décider
souverainement si, aux termes de la police, et par
interprétation des circonstances de la cause, la Compagnie doit être ou non responsable du sinistre.
(Cass. 16 juillet 1872. D. 73.1.97 et 26 fév. 1873.
idem, 24 mars 1873. D. 73.1.295).

C'est ainsi que l'assureur n'est pas fondé à invoquer la clause de non responsabilité, lorsque l'assuré
établit que l'incendie n'a pu avoir pour cause un
fait dérivant de l'invasion. (Briey, 28 juillet 1871 et
Saint-Diziez, 31 juillet 1871. D. 71.3.78.79).

La Compagnie est responsable, soit quand les
circonstances de la cause autorisent à affirmer que
l'incendie n'est pas imputable à un fait volontaire ou
involontaire de l'ennemi. (Paris, 17 août 1872.
D. 73.1.97). Soit, lorsque la localité était évacuée
depuis plusieurs jours par l'ennemi (Seine, 20 mars.
1872. D. 73.1.97) soit, lorsque il a été impossible de
déterminer la cause du sinistre. (Gray, 1er février 1872.
D. 73.1.97). La Compagnie répond de l'incendie dont
la cause est inconnue et qui éclate dans une maison
occupée en partie par le propriétaire et en partie par
l'ennemi. (Besançon, 17 mai 1872. D. 73.5.36.37). De
même, la Compagnie doit indemniser l'assuré, si l'incendie est allumé par les soldats ennemis occupants
s'il n'est possible d'imputer à ceux-ci qu'une imprudence ordinaire et non un acte d'hostilité. (Epernay,

13 juillet 1871. D. 71.3.80 et Le Mans, 8 août 1871, idem).

L'interprétation de la clause appartient au juge qui, suivant les circonstances, en détermine la portée, en s'inspirant des principes ci-dessus énoncés, à savoir que l'on doit tenir compte des dommages causés par les belligérants, sans qu'il y ait à considérer la volonté de l'auteur de l'acte destructif mais simplement le caractère de cet acte.

### La Guerre déplace-t-elle la charge de la preuve ?

En fait, depuis 1888 les Compagnies d'assurances ont modifié leurs polices en stipulant non seulement qu'elles ne répondent plus des incendies occasionnés par guerre, invasion ou occupation de troupes françaises ou étrangères, belligérantes ou non, mais de plus que l'assuré, pour avoir droit à une indemnité, devra faire la preuve que l'incendie ne provient ni directement, ni indirectement de l'une de ces causes. Dans le cas où cette stipulation aura été imposée par l'assureur, il est clair que ce sera à l'assuré à établir le fait positif de négligence ou autre, qui aura pour résultat de faire jouer à son profit le contrat. Cette preuve de la causalité d'un fait normal est souvent difficile. Comment celui qui était absent de chez lui, en service aux armées, prouvera-t-il un fait dont il n'a pas été le témoin et qu'il ne pourra rechercher peut-être que longtemps après ?

En l'absence de cette stipulation, les règles de la preuve jouent normalement, la guerre n'établit aucune présomption en faveur de l'assureur.

L'assuré établira la perte de l'immeuble ou des meubles et si l'assureur veut opposer l'exception

du fait de guerre, il devra de son côté démontrer
que les événements ont tous les caractères de faits
de guerre, pour exclure sa responsabibilté.

En ce sens : Besançon, 28 juillet 1871. J. des Ass.
1871 p. 261 ; Mans, 8 août 1871, J. des Ass. 1871.
p. 291. — Angers, 29 fév. 1872. D. 73.1.295. — Pon-
toise, 2 janv. 1871 J. des Ass. 1872 p. 105 — Rouen,
30 déc. 1871. Gaz. des Trib. 11 janv. 1872. — V.
contra, Briey, 28 juillet 1871. D. 71.3.78.

La présomption de causalité de guerre  est donc
écartée par la jurisprudence : l'invasion et l'occupation d'une contrée ne suffisent  pas à elles seules
pour dégager la responsabilité de l'assureur. Ce dernier devra donc prouver l'acte ennemi, qui a
amené la destruction, qu'il soit volontaire ou involontaire, s'il veut jouir de l'exception prévue au
contrat. (Rouen, 30 avr. 1872. D. 73.1.97. — Paris,
8 mai 1872 ibid.).

*
* *

*Exécution du contrat d'assurance malgré la guerre :*

Malgré la clause d'exonération que nous avons
étudiée, la guerre ne suspend ni ne résilie le contrat
d'assurance. Hormis la responsabilité des faits de
guerre, l'assurance suit son cours : le contrat subsiste pour les autres risques. (Orléans, 31 déc.
1871. J. des Ass. 1872 p. 63. — Briey, 28 juill.
1871. J. des Ass. 1871 p., 283. D. 1871.3.78. —
Dijon, 4 déc. 1872 jurisp. gen. des Ass. terrest.
II. p. 448. Ce dernier jugement décide que l'assureur
est toujours garant des incendies qui, bien que se
produisant au cours de l'invasion, n'auraient point
été occasionnés par elle.

Mais il a été jugé, que la clause écartant le fait de
guerre, doit être réputée avoir entendu exclure la ga-

rantie de l'incendie, survenu à la suite d'une modification des lieux effectuée par l'ennemi et que l'assuré, s'il l'eût effectuée lui-même, aurait dû déclarer comme engendrant une augmentation de risques. (Angers, 29 fév. 1872. D. 73.1.97).

Il n'y a pas dans ce cas dommage causé directement par un fait de guerre mais dommage indirect assimilable ; c'est logique et parfaitement juste puisque les parties ont voulu exclure du contrat tout ce qui d'une façon directe ou indirecte devait amener une aggravation des risques.

De même, sera assimilé au fait de guerre proprement dit l'incendie allumé volontairement sous la préoccupation d'une menace pressante de l'ennemi, par l'assuré ou des tiers tous étrangers aux armées belligerantes et sans ordre de l'autorité militaire. (Nancy, 13 avril 1872. D. 73.1.97).

L'assureur ne garantit donc pas les faits de guerre, mais il ne peut s'exonérer des risques ordinaires, qui se réalisent en temps de guerre. C'est l'application normale du contrat : les primes continuent à être versées pendant les hostilités ou si, en fait, elles bénétituent la contre-partie de l'obligation de l'assureur tituent la contre-partie d'une obligation de l'assureur qui est de réparer les conséquences des sinistres garantis contractuellement.

Telles sont les questions que la guerre peut soulever à propos du contrat d'assurances terrestres. Ce sont plutôt des questions d'application contractuelle puisque les parties ont prévu généralement par une clause les risques de guerre. Le juge interprétera la portée de cette clause, qui est devenue de style dans les polices françaises, en s'inspirant des termes employés. Nous avons vu quelle étendue on pouvait donner à l'expression, fait de guerre, par conséquent dans quelle mesure l'assureur pourra invoquer son exonération. Mais, nous avons vu que l'exécution du contrat doit avoir lieu, sauf au sujet des sinistres dus à la guerre.

Cette matière demeure peu intéressante pour nous, car, les parties ayant généralement tout prévu, la guerre ne peut avoir sur ce contrat des effets très particuliers. On ne trouve pas encore de jurisprudence sur la question. Nous en sommes réduits aux décisions de 1870 ; mais, les principes demeurent les mêmes et toutes les difficultés d'application contractuelle seront solutionnées pareillement.

Remarquons que les polices, devenant de plus en plus explicites, la jurisprudence moderne aura moins à s'occuper de ces questions, les Compagnies d'assurances bénéficiant des expériences de la guerre passée, ont pour ainsi dire tout prévu.

# CHAPITRE II

## ASSURANCES SUR LA VIE

### *Irresponsabilité des risques de guerre*

De même que pour les assurances terrestres, nous trouvons ici le même désir d'exclure le risque de guerre. Les motifs sont identiques. La guerre, événement intermittent et peu prévisible, est un risque sur lequel on peut difficilement tabler pour déterminer la prime en temps de paix. Comme pour les assurances terrestres, s'il est des combinaisons diverses, la plus pratique est le paiement d'une surprime en temps de guerre.

Avant la guerre de 1870, les Compagnies d'assurances françaises sur la vie, stipulaient leur exonération de payer l'indemnité convenue, pour le cas où l'assuré viendrait à périr dans une guerre ou par suite de blessures qu'il y aurait contractées. Pour mieux préciser la portée de cette clause, elles indiquaient que le contrat restait exécutable au profit des gardes nationaux.

Des difficultés d'interprétation surgirent :

Des gardes nationaux, appelés à défendre la frontière contre l'ennemi et tués au combat, pouvaient-ils faire bénéficier leurs ayants-droit de l'indemnité prévue au contrat, ou bien les Compagnies pouvaient-elles se prévaloir de la mort de l'assuré dans une opération de guerre ?

Les polices n'étaient pas toutes du même type. Il y eut des arrêts dans les deux sens l'interprétation appartenant aux juges du fond et ne pouvant tomber sous le contrôle de la Cour de Cassation. (Req. 11 août 1879. D. 80.1.126).

Les polices qui écartaient seulement les risques de mort à la guerre, pour les militaires de profession, furent jugées inapplicables aux gardes nationaux quelque dénomination qu'on leur donnât qu'ils appartinssent à la garde nationale mobile ou mobilisée. (Douai, 27 fév. 1872 .J. des Ass. 72. p. 335).

L'exclusion de tous risques anormaux, bénéficiait aux assureurs si les gardes nationaux avaient été incorporés dans des Compagnies de francs-tireurs : la mort de ceux-ci à la guerre étant bien un cas d'application de l'irresponsabilité des assureurs. (Seine, 12 avr. 1875. J. des Ass. 1875 p. 399).

Mais les Assureurs étaient obligés de payer l'indemnité prévue, si les gardes nationaux mouraient en remplissant un service d'ordre public dans un certain périmètre de leur résidence, dans une émeute, sédition ou en lutte contre des malfaiteurs. (Paris, 20 avr. 1877. D. 77.2.181).

Une autre difficulté se présenta : fallait-il assimiler la guerre civile à la guerre contre l'étranger ? Ce fut admis par la Cour de Cassation : la clause d'une police d'assurance sur la vie aux termes de laquelle la Compagnie est « exempte des risques de mort à la guerre ou par suite de blessures qu'on y aura reçues » s'applique à la guerre civile comme à toute autre guerre ; dès lors la Compagnie n'est pas tenue de payer le montant de l'assurance constituée sur la tête d'un homme tué au milieu des insurgés en mai 1871. (Paris, 27 juillet 1878. D. 80.1.126. — Cass. 11 août 1879. J. des Ass. 1879. p. 480).

Il n'y a pas en cette matière de règle absolue et les solutions dépendent des termes de la police. (Dupuich : Traité théorique et pratique du contrat d'assurances sur la vie, nᵒˢ 101 et 102.)

La clause d'exonération du risque de guerre, en matière d'assurances sur la vie, existe dans les polices françaises modernes. Cette clause prévoit non seulement l'exonération de l'assureur, mais encore la portée d'application de cette exonération.

D'après la police française, il y a risque de guerre du jour où l'assuré militarisé est considéré pour la solde et les allocations comme entré en campagne. Il y a cessation des hostilités du jour de la signature d'un armistice, s'il n'est suivi dans les huit mois d'une reprise des hostilités.

Par conséquent, deux conditions existent pour qu'il y ait risque de guerre et dispense pour l'assureur d'indemniser : 1° que l'assuré soit militaire ; 2° qu'il y ait guerre.

La première condition ne soulève pas de difficultés. Les habitants paisibles, tués volontairement ou non par l'ennemi ou les armées nationales, ne sont pas censés mourir par faits de guerre, l'assurance leur profite donc.

L'autre condition, l'entrée en campagne a été bien déterminée par les assureurs : c'est la mobilisation individuelle qui constitue le changement de risques sans qu'il y ait à envisager si oui ou non les intéressés ont été effectivement exposés à des dangers de combats.

Les polices ont donc établi ainsi le risque de guerre : il est spécial, s'appliquant aux militaires seuls, il est général en ce sens qu'il englobe tous les genres de mort. On a agi ainsi pour éviter les difficultés d'interprétation.

Par conséquent, l'assurance est suspendue à compter du jour de l'entrée en campagne de l'assuré. L'assuré peut éviter la suspension de son contrat en souscrivant un avenant, qui couvre le risque de guerre et en acquittant une surprime dans un délai convenu, apès la mobilisation.

Il convient, à propos de la condition d'entrée en campagne, de préciser la situation des mobilisés qui sont maintenus en sursis dans leur profession. Voient-ils leur contrat suspendu ou bien doit-on les considérer comme non entrés en campagne ?

Aux termes de l'art. 42, § 3 de la loi du 21 mars 1905 sur le recrutement de l'armée (D. 1905.4.41) « peuvent être autorisés à titre exceptionnel à ne rejoindre leur corps d'affectation que dans un délai déterminé par le Ministre de la Guerre, les hommes des différentes catégories de réserves employés en temps de paix à certains services ou dans les établissements, usines, exploitations, houillères, fabriques. etc., dont le bon fonctionnement est indispensable aux besoins de l'armée ». Et d'après l'art. 6 de la loi du 17 août 1915 (D. 1915.4.177) assurant la juste répartition et une meilleure utilisation des hommes mobilisés ou mobilisables « le Ministre de la Guerre est autorisé à affecter aux établissements, usines et exploitations travaillant pour la Défense nationale les hommes appartenant à l'une des classes mobilisées ou mobilisables, chefs d'industrie, ingénieurs, chefs de fabrication, contremaîtres, ouvriers.... »

Les hommes qui, conformément à ces dispositions, sont affectés à des établissements de cette catégorie, ne peuvent être considérés comme ayant été appelés à un service de guerre, puisqu'ils remplissent leurs obligations militaires en se livrant aux mêmes travaux que ceux auxquels ils étaient habitués en temps de paix ; ils ne sont pas, par le fait de leur mobilisation, exposés à ces risques exceptionnels en vue desquels les polices prononcent la suspension des contrats.

Mais, cette exception n'est admissible qu'autant
que l'assuré n'a jamais été appelé à un véritable
service de guerre. Si l'assuré a couru, ne fût-ce que
pendant quelques jours, les risques dont l'assureur a entendu s'exonérer, il se trouve, à moins
qu'il n'ait souscrit l'avenant de guerre, définitivement
privé du bénéfice du contrat, quelles que soient les
modifications qui peuvent survenir après dans sa situation militaire. Le renvoi dans les foyers ne fait
pas revivre l'assurance. Elle ne rentrera en vigueur
qu'à l'expiration du délai fixé par la clause qui est
généralement de huit mois après la cessation des
hostilités. On présume que l'assuré décédé après son
retour dans ses foyers, est mort d'une blessure ou
d'une maladie contractée pendant sa mobilisation.

Remarquons toutefois que l'article 10 *in fine* de la
Police française réserve le droit à l'assuré, rentré
dans ses foyers, de faire constater le bon état de sa
santé par un médecin désigné par l'assureur et ainsi
d'obtenir la remise en vigueur de sa police sans attendre l'expiration du lélai de huit mois.

Tels sont les principes que l'on dégage de l'état
actuel des contrats d'assurances sur la vie : clause
d'exonération des Compagnies, portée bien déterminée de cette clause.

Voyons quelles difficultés d'interprétation ont pu
surgir et comment la jurisprudence moderne a compris la question.

Un jugement du Tribunal civil de Bordeaux du
27 décembre 1915. (D. 16.2.161) a décidé que : la
clause d'une police d'assurance sur la vie portant :
« Si l'assuré est appelé à un service de guerre, soit
comme combattant, soit dans l'un des services auxiliaires de l'armée » ou « si l'assuré est appelé à
prendre part à une guerre contre une puissance

étrangère soit comme combattant, soit dans les services auxiliaires de l'armée, l'assurance est suspendue de plein droit du jour de l'entrée en campagne jusqu'à la cessation définitive des hostilités » ou « est suspendu de plein droit du jour de l'entrée en campagne pendant la durée de la guerre et un délai de huit mois à compter de la cessation définitive des hostilités », est applicable au cas où l'assuré est décédé après avoir rejoint son corps, perçu la solde de guerre et l'indemnité d'entrée en campagne allouée aux officiers, bien qu'il ait été empêché par son état de maladie de remplir aucune fonction militaire.

L'acceptation du paiement de la prime annuelle par la Compagnie ne constitue pas pour celle-ci une renonciation au bénéfice de la suspension, car, ce paiement est effectué par l'assuré en vue de la reprise du contrat après les hostilités.

Un jugement du Tribunal de commerce d'Alençon du 27 décembre 1915 (D. 16. 2.161) a encore fait l'application de la clause d'exonération au cas où l'assuré, appartenant à la réserve de l'armée territoriale a été mobilisé deux fois comme garde des voies de communication et est décédé après avoir été renvoyé dans ses foyers en attendant l'appel de sa classe. En effet, le service des G. V. C. est bien un service de guerre. Il n'y a pour s'en convaincre qu'à lire le décret du 5 juillet 1890 (D. 91.4.91), qui organise le service des gardes de voies pendant la guerre.

Même solution dans un jugement du Tribunal civil d'Oran du 14 février 1916 (D. 16.2.161) au sujet d'un mobilisé attaché au dépôt du matériel d'automobiles et tué dans un accident en service commandé. On ne peut admettre que l'assuré n'est pas entré en campagne pour ce motif qu'il a été affecté à un dépôt d'automobiles situé à l'intérieur et très loin de la ligne de combat. Le jugement repousse toute distinction sur le lieu du service militaire. « Les risques de guerre consistent aussi bien dans les maladies qui viennent atteindre des hommes qui eussent été épargnés s'ils avaient continué leur existence normale, ou dans les accidents qui sont la conséquence de l'état de guerre, que dans les blessures qui viennent frapper les hommes de l'avant » ; et la condition d'entrée en campagne se trouve réalisée « à l'instant précis où les mobilisés ont rejoint les corps, services ou formations auxquels ils sont affectés », quelque soit le poste qui leur est assigné, quelle que soit la nature des fonctions auxquelles l'autorité militaire les emploie.

Il a été jugé au contraire que la clause n'est pas applicable au cas où l'assuré a rejoint son régiment conformément aux énonciations de son livret militaire, mais n'a pas été équipé et a été autorisé à faire dans ses propres ateliers un travail intéressant les besoins de l'armée, cette mission spéciale de mobilisation étant distincte d'un service de guerre et l'assuré étant mort sans avoir couru, ni comme combattant, ni dans un service auxiliaire. le risque de guerre exclu par les polices d'assurances. Lyon, 29 mars 1916.D.16.2.161). Cette décision est parfaitement exacte. Le contrat d'assurance, dans un pareil cas, n'est pas suspendu, l'assuré n'ayant en rien changé ses habitudes de vivre et n'ayant à aucun moment couru les risques exceptionnels prévus au cas de guerre par les Compagnies d'assurances.

Cette solution est en parfaite harmonie avec la jurisprudence récente, d'après laquelle, les hommes qui ont été mis en sursis d'appel et détachés dans les établissements industriels travaillant pour les besoins de la défense nationale ne peuvent bénéficier ni de la prorogation des délais accordée en matière de loyers, par une série de décrets aux locataires « appelés sous les drapeaux » ou « présents sous les drapeaux ». (Trib. civ. Seine, ordon. de référé, 12 janv. 1916.D.16.2.73.) ni du moratorium judiciaire institué par la loi du 5 août 1914, art. 4, en faveur des citoyens présents sous les drapeaux ». (Lyon, 21 mars 1916.D.16.2.92.).

Un arrêt de la Cour de Montpellier du 31 janvier 1916 (D.16.2.161) n'a pas fait l'application des principes que nous avons émis plus haut et qui ont été suivis par toute la jurisprudence.

Il a jugé que la clause n'est pas applicable au cas où l'assuré dont la classe n'a été rappelée sous les drapeaux qu'à une époque ultérieure, s'est rendu à une caserne pour y remplir une mission temporaire (garde d'un sémaphore du littoral) et est mort après avoir été renvoyé dans ses foyers.

Cet arrêt n'est pas justifiable : le décret du 5 juillet 1890 qui règle le service des gardes de voies de communications, vise sûrement le service des gardes des postes télégraphiques et sémaphoriques. En l'espèce, l'assuré exécutait un service de guerre, une mission spéciale de mobilisation. On aurait dû juger que la clause de suspension s'appliquait et que la mort de l'assuré ne donnait droit à aucune indemnité.

D'une façon générale, la jurisprudence a facilement déterminé les responsabilités dans les cas qui lui ont été soumis. C'est d'autant plus aisé pour elle, que les polices ont prévu la portée de l'exonération en cas de décès sous les armes et que le moment où s'opère le changement de risques est parfaitement déterminé.

Les décisions que l'on rencontre sur cette question sont peu différentes les unes des autres, car les polices ont été unifiées sous un type commun ; les règles de l'interprétation du contrat d'assurance ne varient pas.

# CONCLUSION

Nous assistons, pendant la guerre actuelle, à une très vaste expérience juridique. C'est la première fois que la force majeure peut se manifester avec cette puissance et cette ampleur.

Ce qui normalement aurait dû être une secousse brève et une poussée brutale devient un état dont on cherche à s'accommoder et que l'on perfectionne. La guerre a engendré une littérature et une science spéciales. Chaque nation édifie des réglementations, compare et copie les dispositions législatives les mieux appropriées à ses besoins présents.

Aussi constate-t-on une évolution dans la conception de la force majeure, cela provient de la durée de la guerre et de ce que les intérêts en jeu sont aussi nombreux que les peuples engagés dans la lutte.

La France s'est affirmée une fois de plus laborieuse et pacifique. Elle n'était pas sur le terrain juridique préparée à la guerre. Aussi la législation, nécessitée par les événements, s'est faite par à-coups et ne cadre pas toujours avec les règles du code.

On y rencontre généralement une grande indulgence pour le débiteur et le souci de l'équité. Les tribunaux sont franchement entrés dans cette voie et ont fait tous leurs efforts pour élargir le droit en faveur du débiteur de l'obligation.

C'est ainsi qu'ils semblent méconnaître souvent les effets de la guerre en prorogeant des contrats actuellement inexécutables. Ainsi encore, ils tendent à répartir les effets de la force majeure sur le créancier et le débiteur. « La guerre est considérée

comme force majeure non seulement lorsqu'elle rend
la prestation impossible mais aussi lorsqu'elle la rend
excessivement onéreuse. » C'est une formule de droit
italien moderne mais qui donne bien l'esprit et les
tendances du moment à l'élargissement de la conception classique de la force majeure.

Nous avons dit que la France n'était pas sur le terrain du droit préparée à la guerre. Cette vérité ressort davantage encore lorsqu'on jette les yeux sur
l'Allemagne et sa jurisprudence de guerre.

Depuis plusieurs années, les Allemands ne pas-
saient pas un marché important, sans réserver, par
une clause spéciale, le cas de mobilisation, guerre ou
blocus... Pratique inconnue ailleurs ! En France on
ne rencontre que dans le contrat d'assurances, une
clause de guerre.

La clause de guerre allemande, insérée d'une façon
constante en matière civile et commerciale, nous
montre une prévision qui ressemble étonnamment à
une préméditation.

Par suite de cette clause, la jurisprudence de
guerre en Allemagne a une physionomie toute diffé-
rente de la nôtre. En France, on cherche à apprécier
en équité les effets d'un fait, imprévu et imprévisible
dans l'esprit pacifique des contractants et à perfectionner des lois qui ne répondent plus à la portée des
événements. Chez eux c'est l'interprétation rigoureuse d'une modalité contractuelle toujours usitée.

Le docteur Soergel, conseiller aulique en Bavière,
a publié pour les années 1914 et 1915, à Stuttgart et
à Berlin un recueil intitulé « Jurisprudence et doctrine de guerre ». Cet ouvrage nous est précieux ; il
nous permet de juger dans son ensemble la jurisprudence allemande sur la force majeure.

En général, les tribunaux paraissent admettre que
les clauses « la guerre et le blocus seront considérés

comme circonstances de force majeure » libèrent le vendeur, même lorsque la possibilité de livrer subsiste en soi. (Oberlandsgericht Hambourg, 1er juin 1915 ; Soergel p. 6. n° 157.6 et Brunswick 1915. — Posen 11 mai et 9 juin 1915. Soergel n° 157.2.).

Si un marché contient une clause aux termes de laquelle la guerre doit éventuellement « supprimer tout délai de livraison et réduire dans les mêmes proportions toutes autres obligations », le vendeur a pleine liberté pour effectuer ou non sa livraison. (Oberlandsgericht, Dresde 31 mars et 25 juin 1915. Soergel n° 157.5.). Il est, aussitôt après la déclaration de guerre, entièrement dégagé de son obligation de livrer même si réellement il est en état de le faire, lorsque la convention a stipulé que l'incendie, la mobilisation, la guerre, le blocus et tous événements imprévus, susceptibles de diminuer ou de rendre impossible la production, seront considérés comme événements de force majeure. (Oberlandsgericht Hambourg. 12 janvier et 8 avril 1915 et Reichsgericht 5 octobre 1915. Soergel n° 157.7.).

A côté de ces décisions où la stipulation de guerre apparaît comme une clause de dédit, se rencontre une jurisprudence qui se rapproche de la nôtre en ce sens que les cas de force majeure y sont examinés. Mais, en général, on peut dire que la force majeure s'apprécie plus rigoureusement, toujours à cause de la clause d'usage.

La clause contractuelle allemande de guerre dégage en principe le vendeur purement et simplement de son obligation de livrer. Mais il faut toujours admettre une interprétation étroite et l'exécution de la convention reste subordonnée à une question de bonne foi. Le vendeur ne pourra donc invoquer la clause quand la guerre n'aura en rien influé sur son obligation de livrer, ni sur sa situation économique, telle qu'elle résulte du contrat. (Oberlandsgericht Hambourg, 15 mai 1915. Kiel 11 mai 1915. Soergel, p. 7 n° 9 et 10).

Il a été jugé encore « que la clause ne libère pas de plein droit ». Tout dépend de la gravité de l'obstacle qui a été apporté par la guerre et des termes de la stipulation. (Oberlandsgericht, Iéna, 31 mars 1915. Soergel, p. 8. n° 12.)

La jurisprudence allemande de la force majeure nous paraît moins occupée à perfectionner des principes de droit, comme le fait la jurisprudence française, qu'à interpréter une clause d'usage, presque toujours prévue. La guerre chez ce peuple dominateur était à l'état de prévision. disons mieux, de calcul. Quoi d'étonnant. puisque sa devise a toujours été « La force prime le droit ».

# ERRATA

PAGE 143, ligne, 18, au lieu de : irrecevable, lisez : irresponsable.

PAGE 159, ligne 7, au lieu de : en sont asssuré, lisez : en ont assuré.

PAGE 161, ligne 12, lire : « Les transports sont faits aux prix ordinaires, mais sans responsabilité ni garantie d'aucune sorte, à raison des conditions actuelles de l'exploitation des voie ferrées. »

PAGE 182, ligne 22, lire : ... ou si, en fait, elles bénéficient de mesures moratoires, elles sont dues et constituent la centre-partie d'une obligation de l'assureur...

# TABLE DES MATIÈRES

## INTRODUCTION

Bouleversement économique causé par la guerre de 1914
et répercussion dans le domaine du droit

## PREMIÈRE PARTIE

### Théorie générale du Cas fortuit et de la Force majeure



## DEUXIÈME PARTIE

### Ventes et Marchés

## CINQUIEME PARTIE

### CONTRAT DE TRANSPORT



---

## SIXIEME PARTIE

### CONTRAT D'ASSURANCE